Wie tickst du?

Bali Kiknadze

Herstellung und Verlag:
BoD - Books on Demand, Norderstedt
ISBN 978-3-7494-9784-3

Vorwort

„Offenheit in der Kommunikation macht das Miteinander der Menschen erst möglich.“

Jochen Schweizer

Bei dem Wort „Kommunikation" denken die meisten Menschen sofort an Sprache. Aber Kommunikation ist so viel mehr, als nur das gesprochene Wort. Das Thema wird meiner Meinung nach immer noch stark unterschätzt. Eine ganzheitliche Kommunikation beinhaltet neben der Sprache auch die Körperhaltung, den Tonfall, den Gesichtsausdruck und letztendlich sogar das, was wir tun. Das ganze Innenleben eines Menschen wird durch verschiedene Arten von Kommunikation an die Oberfläche geschwemmt. Wut, Trauer, Unsicherheit, Freude, Schadenfreude, Arroganz, um nur ein paar Beispiele zu nennen. Aber um die ganzheitliche Kommunikation richtig zu verstehen braucht man zwei Dinge: Man muss sich selbst recht gut kennen, und man sollte Menschenkenntnis trainieren. Dann ist man offener für erfolgreiche Kommunikation und kann mit schwierigen Situationen besser umgehen.

Nur weil ich dieses Buch geschrieben habe, heißt das aber nicht, dass ich die Weisheit mit Löffeln gefressen habe. Absolut nicht. Ich befinde mich selbst im aktiven Lernprozess, kann aber schon kleine Erfolge verbuchen. Angefangen hat es damit, dass ich mich selbst und meine Mitmenschen in Extremsituationen beobachtet habe. Wann werde ich besonders schnell wütend und was kann ich dagegen tun? Warum hat Trauer so viele Gesichter? Wie kann man Mobbing erfolgreich bekämpfen? Ihr merkt schon, da kommt jetzt einiges auf euch zu.

Ich kann auch nicht für die Richtigkeit meiner Schlussfolgerungen garantieren, denn ich bin kein Psychologe. Aber vielleicht gelingen mir durch meine Beobachtungen ein paar Denkanstöße, die ich anhand selbst erlebter Geschichten verdeutlichen möchte. Wenn durch dieses Buch ein paar Leute weniger streiten, wenn es ein paar Mal weniger zu eklatanten Missverständnissen kommt, und wenn ein paar Leute dadurch weniger anfällig für Mobbing werden, dann wäre ich sehr glücklich. Wirklich!

Knüppel, aus dem Sack!

Es war einmal ein blondes, hochgewachsenes Mädchen, welches in guten Verhältnissen aufwuchs und zu damaliger Zeit die Grundschule besuchte. Es hatte eine Freundin, ein kleineres, dunkelhaariges Mädchen, und sie gingen ihren Schulweg jeden Tag gemeinsam. Die Blonde war sehr selbstbewusst und gern um ihren Vorteil bemüht. Das bekam die Dunkelhaarige regelmäßig zu spüren. Beide lernten Flöte spielen, und es wurde gern gesehen, wenn sie bei Klassenaufführungen etwas vorflöteten, so wie das damals halt üblich war. Die Blonde wollte grundsätzlich die Oberstimme spielen, und die Dunkelhaarige war zu ängstlich, um sich dagegen aufzulehnen. So spielte sie immer nur das, was die Blonde ihr zuteilte. Zuhause konnte die Dunkelhaarige auch nicht auf Unterstützung hoffen. Wenn die Blonde für eine Klassenarbeit eine Eins Minus bekam und die Dunkelhaarige nur eine Zwei Plus, wurde sie von der Großmutter gerügt: „Wieso hast du nur eine Zwei Plus? Ist die andere etwa schlauer als du, du dummes Gör!" Was sollte sie darauf schon erwidern, und so wurde die Dunkelhaarige immer stiller und stiller.

So ging es die gesamten vier Jahre an der Grundschule zu. Oft war die Dunkelhaarige verzweifelt: Zuhause konnte sie es niemandem Recht machen und in der Schule wurde sie von der Blonden ausgenutzt, auch wenn sie sich sonst recht gut vertrugen. Die Kleine wurde oft von einer Sehnsucht befallen, Sehnsucht nach ihren Eltern, aber das Schicksal wollte es nun mal anders und die Kleine weinte und fügte sich.

Zum Abschluss der Grundschule sollten die Viertklässler ein Theaterstück aufführen. Alle Eltern und alle Lehrer würden da sein. Oh, wie sich das schüchterne Mädchen darauf freute, denn irgendwie mochte sie das: so tun, als ob man jemand anders ist. Das war was feines! Das aufzuführende Stück hieß „Tischlein, deck dich."

Die Blonde war ein paar Tage krank und konnte nicht zur Schule gehen. Den Abend, bevor die Lehrerin die Textbücher verteilte, instruierte sie die Dunkelhaarige, ihr eine wichtige Rolle zu verschaffen. Ja, natürlich, dachte das schüchterne Mädchen, was auch sonst. Die Lehrerin teilte also die Bücher aus und ließ die Klasse darin lesen. Später fragte sie dann jeden Einzelnen, welche Rolle er gern hätte. Da sprach plötzlich eine Stimme zu dem kleinen Mädchen: „Ich bin es. Dein Ich aus der Zukunft. Höre mir gut zu: Du wirst später durch noch viel tiefere Täler gehen. Jedoch wirst du dich immer wieder da herausarbeiten. Du weißt nicht, was alles in dir steckt. Doch heute sollst du es einmal lernen. Vertraue dir selbst, und höre von nun an stets auf deine innere Stimme."

Das kleine Mädchen konnte diese Stimme natürlich nicht hören, dennoch fing es an, fieberhaft in dem Buch zu blättern. Es konnte wahnsinnig schnell querlesen und überflog alle Seiten bis zum Ende. Ja, da war sie: die Hauptrolle! Es war der Kuno, der jüngste Sohn des Schneiders. Er war der Star der Geschichte! Und die Lehrerin fragte Rolle für Rolle ab und die Schüler meldeten sich. Und schließlich fragte sie: „Und wer will den Kuno spielen?" Und das kleine Mädchen rief: „Ich!"

Einen Tag nach der Vorstellung saß das kleine Mädchen schon im Flugzeug, auf dem Weg zum geliebten Vater, der so weit weg wohnte. Es hatte bei der Aufführung alles richtig gemacht, es wurde geklatscht und gejubelt. Die Blonde hatte natürlich getobt, denn sie bekam nur eine unwichtige Nebenrolle.

Vierzig Jahre später sitzt das nun nicht mehr kleine Mädchen wieder im Flugzeug, auf dem Weg zum geliebten Vater, der so weit weg wohnt. Und es denkt oft an diesen Flug damals, der sich so anders anfühlte, als alle Flüge davor. Es hat sich einmal aus seiner Angst befreit und ist dafür belohnt worden. Natürlich würde das so nicht immer funktionieren, aber es gibt ihn, den Kuno-Effekt, und das nun alte Mädchen lächelt und weiß, dass es noch oft gelingen wird, ihn in den entscheidenden Momenten herbeizuzaubern.

Tischlein, deck dich.

Esel, streck dich.

Knüppel, aus dem Sack!

Inhaltsverzeichnis

Mobbing

Ich gehöre zu den Menschen, die sofort die Wut packt, wenn Stärkere auf Schwächere losgehen. Das war ursprünglich der Hauptgrund für dieses Buch gewesen. Mit anderen Worten: Ich wollte ein Buch nur über Mobbing schreiben. Doch ich merkte schnell, dass das nicht funktionieren wird.

Um Mobbing zu verstehen, muss man an die Ursachen des Mobbing heran: Wieso werde ich zum Opfer? Und was macht den Mobber aus? Wie tickt der? Warum tut der das? Ich begriff, dass das Mobbing nur ein Teil des Ganzen war. Ein Teil der Kommunikation, die da komplett aus dem Ruder läuft. Aber fangen wir mal von vorne an.

Ich war als Kind total schüchtern und unselbstständig. Weil ich so erzogen wurde. Möglichst kein eigenes Denken, ganz nach dem Motto: *Do as I say, not as I do.* Natürlich war mir diese Prägung als Kind nicht bewusst. Als Kind merkt man so etwas nicht, schon gar nicht über Nacht. Es gibt bis zur ersten Erleuchtung mehrere Phasen. Zuerst wird man ausgegrenzt, zum Beispiel in der Schule. Oder man grenzt sich unbewusst selbst aus. Dann kommt eine Mobbing-Phase. Damals war das noch nicht so krass wie heute teilweise. Man wurde aufgezogen, weil man anders war als der Rest. In meiner Zeit wurde das primär an der Mode festgemacht. Lagst du im Trend oder nicht. Ich lag meilenweit entfernt von jeglichen Trends, aufgrund der konservativen Erziehung, die ich in vollen Zügen genoss. Ja, früher reichte das aus, um zum Spielball der Klasse zu werden. Um mit dem Druck fertig zu werden, fing ich an, mich selbst zu attackieren. Ganz speziell in meinem Fall: das Abreißen von Haut, wo auch immer das möglich war. Unter den Fingernägeln, in den Handinnenflächen, hinter den Ohren. Bis es blutete. Oft habe ich gar nicht gemerkt, dass ich „zupfte", bis der Schmerz mich erreichte, aber dann war es schon zu spät. Üble Wunden waren das. Daraus wurden Narben, Gott sei dank heute kaum noch sichtbar. Aber selbst wenn sie noch sichtbar wären, es wäre kein Drama für mich. Narben können auch gut sein. Henry Rollins, ein sehr intelligenter, charismatischer Punk-Musiker aus den 70ern (und heutzutage ein fantastischer Stand-Up-Redner), sagte mal ganz treffend dazu: „Narbengewebe ist härter als normales Gewebe."

Haargenau so sehe ich das auch.

Um Mobbing ins Leere laufen zu lassen, muss man zuerst die Angst ablegen und Selbstvertrauen aufbauen. Aber kein falsches Selbstvertrauen! Man muss sich im Klaren darüber sein, was man kann und was man nicht kann. Und man sollte mit den eigenen Schwächen spielend umgehen und den Humor auch gegen sich selbst richten können. Dann wird es deutlich schwerer, ein Mobbing-Opfer zu werden. Zumindest was das verbale Mobbing betrifft. Ich denke da an soziale Veranstaltungen, beziehungsweise den Klassiker: das Büro, oder, ganz allgemein, den Arbeitsplatz. Dort findet wohl das meiste Mobbing statt. Warum? Weil man da hin muss, also keine Ausweichmöglichkeit hat. Denn seinen Freundeskreis kann man sich aussuchen: Wird man da gemobbt, hat man die Wahl, dieses Umfeld zu verlassen. Das Mobbing am Arbeitsplatz zu eliminieren ist dennoch etwas einfacher, als das in der Schule, da man schon erwachsen und sich seiner selbst stärker bewusst ist. Natürlich, sowohl in der Schule, als auch später in der Arbeit kann jeder Opfer werden: Wer zu dick oder wer zu dünn ist, wer auffällige Körpermerkmale hat, wer körperlich oder geistig behindert ist. Überall gibt es Menschen, die Mobbing erleben. Sich aber als unfertiger Mensch, sprich als Kind, dagegen zu wehren ist viel schwerer als später im Büro.

Körpergewicht, Aussehen und das Ausstrahlen von Unsicherheit (am besten noch die Kombination aus allem) sind die Top-Kriterien fürs Mobbing. Wie wehrt man sich dagegen? Sowohl bei Kindern, als auch bei Erwachsenen beginnt das „Anti-Mobbing" im Kopf. Die Angst verlieren. In sich ruhen. Niemand kann schlagfertig antworten, der Angst hat oder im Stress ist. Nur wer die Ruhe weg hat, kann Paroli bieten. Und Schlagfertigkeit ist die Waffe Nummer eins beim Mobbing. Doch diese Waffe einzusetzen gelingt nur den Wenigsten. Die gute Nachricht: vieles ist erlernbar. Selbst ein so schüchterner, unsicherer Mensch wie ich, der voller Angst ist, hat diese 180-Wendung ganz gut hinbekommen. Und das ist für mich Motivation genug, auch anderen zu zeigen, wie man daran arbeitet. Und ich wünsche allen inständig, dass das klappt!

Hier also die wichtigsten Schritte für das Anti-Mobbing:

- Angst verlieren
- In sich ruhen
- Ursprung des Mobbing analysieren
- statt weglaufen, dem anderen ganz nahe kommen
- Gelassenheit ausstrahlen
- witzige Antworten geben
- das Ganze gekonnt ins Lächerliche ziehen

Zum Ursprung des Mobbing möchte ich noch etwas sagen, um klarzustellen, was ich damit meine. Mobbing hat - aus Sicht des Mobbers - meistens drei Ursachen: Unsicherheit, Neid und Frust. Wobei Frust auch eine Folge der ersten beiden Faktoren sein kann. Neid empfinde ich persönlich als einen der fiesesten und gefährlichsten Gründe für Mobbing, weil man dem nur sehr schwer beikommen kann. Neid muss sich jedoch nicht zwangsläufig in Mobbing äußern. Noch böser wird es, wenn er versteckt ausgelebt wird, also wenn du „von hintenrum" angegriffen wirst: man lästert über dich, aber nur wenn du nicht dabei bist. So eine Art passives Mobbing. Egal wie du angegriffen wirst, wenn es aus Neid geschieht, ist Vorsicht angebracht: Versuche herauszufinden, was den Neid verursacht haben könnte. Du führst eine glückliche Beziehung mit einem erfolgreichen, gutaussehenden Partner? Du bekommst ein gutes Gehalt, hast ein großes Haus? Du bist der Liebling vom Chef? Du siehst selbst umwerfend aus? Egal was es ist, du wirkst glücklich und zufrieden auf andere Menschen. Und von da an hast du es schwer!

Das können viele deiner Mitmenschen, die sich nicht auf deiner Glücksebene befinden, kaum ertragen. Ergo: Mobbing und Hetzerei. Wie kann man einem Mobbing, befeuert von Neid, begegnen?

- nicht prahlen. Aber auch nicht das Licht zu sehr unter den Scheffel stellen. Das wirkt unglaubwürdig.
- zeigen, dass man auch nur ein ganz normaler Mensch ist, der Höhen und Tiefen durchlebt. Die Sonne scheint nun mal nicht rund um die Uhr.
- dem Kontrahenten Türen öffnen, zum besseren Kennenlernen.
- den Angriffen mit Ruhe und, wenn möglich, mit Humor begegnen.

Ich werde im folgenden Kapitel noch näher erläutern, wie es gelingen kann, mit Neid umzugehen. Eines aber kann ich jetzt schon versichern, und das kann ich nicht oft genug sagen:

Wenn du vor deinem Gegenüber Angst hast, dann wird *nichts* funktionieren! Präge dir das gut ein:

KEINE ANGST !!

Das ist sehr leicht gesagt, aber gleich die erste Übung: Schau dir deinen Gegner genau an. Ist er perfekt? Kann er alles? Er mobbt dich - er ist also derjenige, der total ängstlich und unsicher ist. Und das musst du dir unbedingt vor Augen führen. Nun versuche eine Art Mitleid für ihn aufzubauen. Denn: Wenn er dir leid tut, hast du keine Angst mehr vor ihm, und er wird wieder mehr Mensch als Monster. Das ist für den Anfang ein guter Trick. Das gilt übrigens für alle aggressiven Menschen, und wir sind uns hoffentlich einig, dass Mobbing eine Form von Aggression ist? Gut. Also: alle aggressiven Menschen haben Angst. Woher weiß ich das? Aus dem Tierreich. Ängstliche Katzen fauchen. Wir sind überhaupt nicht anders. Hat man sich das einmal klargemacht, scheint es ganz logisch.

Auch das ist ein Trick: Spaß haben, bei der Kontra-Aktion.

Die Schnief-Nase

Ich arbeitete mal in einer Firma, in der behauptet wurde, ich würde koksen. Später erfuhr ich, dass das Gerücht dadurch entstand, weil ich immer schniefte. Nun, als staatlich anerkannter Pollenallergiker war das für mich normal, besonders im Frühling und im Sommer. Aber die Mitarbeiter tuschelten, taten komisch, und einige fingen an, mich zu meiden. Da das Gerücht so absurd war, nahm ich die Entwicklung gelassen und machte mir einen Spaß draus. Fragte man mich, was ich suchen würde, wenn ich irgendwo herumkramte, war meine Antwort: „Ich suche mein Koks." Ging ich früher in den Feierabend und wurde gefragt, warum das so sei, antwortete ich feierlich: „Ich muss noch Koks kaufen. Oder hast du was für mich?" Die Mitarbeiter hatten das sehr schnell satt und merkten, dass man mir nicht beikommen konnte.

Inzwischen suche ich fast schon Situationen, die mich herausfordern. Weil es mich trainiert. Vor allem meine

Schlagfertigkeit. Menschenkenntnis hilft dabei auch ungemein. Manch einer braucht eine direkte Ansage, bei manch einem reicht es schon, wenn man seine eigenen Schwächen zeigt. Und letzteres würde ich immer zuerst probieren, so wie auch im nächsten Beispiel. Druck: raus. Ehrlichkeit: rein!

Das Firmenseminar

Vor langer Zeit musste ich ein Seminar in einer großen, weltweit bekannten Firma abhalten. Es ging um Wirtschaftskommunikation in Englisch. Eigentlich etwas, was ich total gern machte, aber in dieser Firma war ich neu, und mir wirkten allerlei Kräfte entgegen, zum Beispiel Teilnehmer, die

- keine Seminare mögen
- keine Frauen mögen
- keine Lust haben, herumzusitzen und zuzuhören
- im Stress sind und keine Zeit haben für den „Quatsch"

Ich wusste das natürlich, weil bei jedem Seminar immer aus der einen oder anderen Kategorie welche dabei sind. Normalerweise bekomme ich die Gruppe trotzdem schnell in den Griff, denn zu den meisten Teilnehmern finde ich recht bald einen Zugang. Doch hier war mir noch eine andere Sache sehr im Weg: In der Nacht zuvor hatte ich großen privaten Streit mit ungutem Ausgang gehabt und daher keine Minute geschlafen. Ich kam also voller Kummer und völlig übernächtigt in diese Firma und sollte das Seminar abhalten.

Und damit komme ich zu einem ganz wichtigen Punkt: Druck raus nehmen! Das „so tun als ob" bringt dich auf Dauer um. Ich wusste, ich hatte keine Chance, dieses Seminar an jenem Tag vernünftig hinzubekommen, und am liebsten hätte ich komplett abgesagt. Aber es gab so kurzfristig keinen Ersatzlehrer für mich, also musste ich es machen. Da blieb nur noch ein Weg: Flucht nach vorne.

Ich ging zum Pult des Seminarraums, stellte mich der Gruppe kurz vor und sagte dann: „Bevor wir anfangen, möchte ich euch noch etwas sagen. Ich fühle mich genau so, wie ich aussehe. Übermüdet, erschöpft und traurig. Ich hatte eine fürchterliche Nacht, aufgrund von privatem Stress. Und trotzdem muss ich heute hier sein. Bitte seid so gut und denkt daran, wie es euch in so einer Situation gehen würde. Helft mir, das heute hinzukriegen. Ich bin zu anfällig, um mich heute gegen irgendjemanden wehren zu können."

Der Saal war totenstill. Anscheinend fühlten die meisten in sich hinein und erinnerten sich an Situationen, in denen es ihnen ähnlich ging. Es wurde eines meiner besten Seminare überhaupt. Die Arbeitsgruppen teilten sich quasi von selbst ein, man sprach (auf Englisch) über Stresssituationen und wie man damit umgeht, und man zollte mir sogar Respekt dafür, dass ich trotzdem dort war. Ich wandelte diesen Respekt dankbar in Motivation um und gab mir richtig Mühe, aber halt ganz ohne den Druck. Ich musste nicht mehr gut aussehen. Ich musste nicht mehr lächeln. Ich konnte wie ausgespuckt vor den Teilnehmern stehen und mich ganz auf meine Aufgabe und eben nicht auf das Drumherum konzentrieren. Das war wirklich eine Riesenhilfe für mich. Und alle in dem Raum rückten gefühlt näher zusammen, da ich mich so schonungslos geoutet hatte.

Zynismus kann auch eine gute Waffe sein. Gerade dann, wenn man vor Wut platzt, aber nicht platzen darf. Wer wütend reagiert, erreicht fast nie etwas, außer dass der Kontrahent entweder auch wütend wird, oder ganz zumacht. Also ist Zynismus eine gute Lösung, um Wut zu kanalisieren.

Die Kitten-Schwemme

Als Mitglied diverser Tierschutzvereine bin ich logischerweise auch gelegentlich bei den offiziellen Streuner-Kastrations-Aktionen dabei. In einem Satz: Damit sich Straßenkatzen nicht noch stärker vermehren, fangen Vereine (sofern sie das Geld dafür aufbringen) die Streuner mit Lebendfallen ein, fahren sie zwecks Kastration zum Tierarzt und bringen sie (sofern gesund) nächsten Tag an ihren gewohnten Platz zurück. Eine sinnvolle Aktion, aber leider sieht das nicht jeder so. Und wenn du bei Wind und Wetter klatschnass auf einem Hof stehst, frierst und auch kein Geld dafür bekommst, und dann ein Tierbesitzer sich gleichgültig zeigt oder sogar feindselig, dann platzt auch mir die Hutschnur. Aber von meiner Wut wird nicht ein einziges Tier kastriert. Was sage ich also, wenn mir mal wieder jemand erzählt, wie egal ihm das ist, ob seine Tiere kastriert werden oder nicht? „Nee, klar, warum auch kastrieren und die Population eindämmen und damit das Ausbreiten von Krankheiten verhindern? Ist ja albern! Uns Tierschützern macht das schließlich immer viel Spaß, wenn man uns todkranke Kitten bringt und wir raten können, welche überleben und welche nicht. Zum Tierarzt rennen, Katzen begraben und Menschen um Spenden anbetteln - das ist total toll! Wir wüssten sonst gar nichts mit unserer Freizeit anzufangen. "

Der Trick ist, das ganz ruhig und freundlich zu sagen, oder sogar mit einem Grinsen. Der ein oder andere fängt dann doch an, mal drüber nachzudenken. Egal wie es ausgeht, mir kann man nichts. Denn ich bin ja nicht hochgegangen. Irgendeine Form von Humor geht also fast immer.

Cyber-Mobbing

Eine ganz andere Sache ist das Internet. Leider. Das Cyber-Mobbing ist mit dem klassischen Face-to-Face-Mobbing nicht vergleichbar. Im Netz ist es um ein vielfaches perfider, weil sich Menschen dort verstecken können, dadurch mutiger und unbarmherziger werden. Klar, die Motive sind die Gleichen: die Mobber sind in Wirklichkeit unsicher und unzufrieden mit ihrem Leben - das kennen wir ja alles schon. Aber während man sie in der Schule oder im Büro relativ leicht enttarnen und auch zur Rechenschaft ziehen kann, ist das im Internet schwer. Zumindest momentan noch. Das muss sich unbedingt ändern!

Beim Cyber-Mobbing wäre es fatal, Empfehlungen auszusprechen wie „oh, sei doch schlagfertig und witzig, dann hört das bestimmt auf." Hier sitzt das Opfer allein vor dem Computer und kann sich nicht wehren, denn der Gegner stellt sich nicht. Er ist feige und geht - wann immer er will. Hier fehlen Gestik und Mimik, über die man so einen Angriff mit Worten abwehren könnte; man hat ja nur das geschriebene Wort. Hinzu kommt: die eigene Gelassenheit, die man - schlagfertigerweise sonst gut vortäuschen kann - könnte den Angreifer zusätzlich noch provozieren, und das ist eine sehr schwierige und gefährliche Gratwanderung, die schnell zur Spirale nach unten werden kann. Wenn man merkt, dass das Ganze eine ernste Form - über blöde Sprüche hinaus - annimmt, dann gehört die Angelegenheit in die Hände von Experten. Und das bitte so schnell wie möglich. Niemand sollte dem Internet alleine ausgeliefert sein. Da ist schon zu viel schiefgegangen.

Trolls

Trolling ist zwar kein klassisches Mobbing, aber da es doch öfter im Internet vorkommt - häufiger als Mobbing - noch ein paar Sätze dazu, wie man dem begegnen kann. Ein Troll ist ein User, der zum Beispiel in Foren der Sozialen Medien Beiträge anderer Mitglieder mit anmaßenden Texten „bombardiert"; möglichst unsachlich und garantiert nicht lösungsorientiert. Von den drei Möglichkeiten, die man hat, um zu reagieren

-1 zurück schimpfen oder zurechtweisen

-2 Beitrag löschen oder dem Betreiber der Seite melden
-3 den Troll und seinen Beitrag komplett ignorieren

funktioniert nur die dritte Variante richtig gut. Der Troll möchte Aufmerksamkeit. Sonst nichts. Also entzieht ihm diese. Schreibt weiter, als sei sein Beitrag gar nicht lesbar für euch. Das ist die Höchststrafe für ihn. Ausnahme: Wenn er gemeldet werden muss, aufgrund von Volksverhetzung oder ähnlichem.

Kürzlich habe ich auf Facebook einen Beitrag von P.E.T.A. gesehen, wo die Organisation vor einer Firma warnt, die echten Pelz verkauft. Ein typischer Troll schrieb: „ … danke für den Tipp. Dann habe ich ja endlich ein Geschenk für meine Freundin."
Das ist sogar noch vergleichsweise harmlos, aber trotzdem für jeden Tierschützer eine Ohrfeige. Aber noch trauriger machte mich, dass tatsächlich so viele User empört darauf reagierten. Der will doch nicht belehrt werden! Der möchte, dass sich alle über ihn aufregen. Das Ziel erreichte er auch schnell. Etliche Kommentare folgten seinem Post, immer mit der gleichen Aussage, wie er nur so denken könne, ob er denn überhaupt kein Anstand hätte, was für ein Dummkopf er sei und so weiter und so fort. Ich kann darüber nur den Kopf schütteln. Der hätte sich so sehr geärgert, wenn überhaupt niemand auf ihn reagiert hätte!

Das kann also auch eine sehr wirksame Form der Kommunikation sein: nämlich *keine* Kommunikation.

Bei der „light"-Version des Trolling ist es ratsam, mit

einem kurzen, entwertenden Kommentar zu antworten. Also nicht belehren und große Rechtfertigungsaktionen mit Aufzählungen aller Art starten, sondern dem Troll zu verstehen geben, dass man ihn a) nicht ernst nimmt und b) sich nicht über seinen Kommentar aufregt. Das geht am besten mit Humor.

Der Salat

Ich hatte mal einen Laden, wo ich auch kleine Speisen anbot. Als ich einen neuen Salatteller entwickelte, stellte ich ein Bild davon ins Netz, um meinen Kunden den Mund wässrig zu machen. Sofort meldete sich ein Troll lautstark zu Wort: „ ... was soll denn das sein .... davon werde ich garantiert nicht satt ... da kann ich ja gleich zu einer Fastfoodkette gehen, statt so ein blödes Grünzeug zu essen .... ".

Ich weiß leider nicht mehr, was ich geantwortet habe, aber heute würde ich aus folgenden Antworten eine auswählen:

„Oh je. Wir wissen gar nicht, wie wir ab jetzt ohne dich als Kunde überleben sollen. Schnief!"
aber noch wahrscheinlicher so:

„Kriegst noch ´nen Schnuller obendrauf, dann biste auch satt! :-D "

Da Trolls grundsätzlich *nicht* schlagfertig sind und du die Lacher schnell auf deiner Seite hast, ist die Diskussion damit fast immer beendet.

Zum Thema „klassisches Mobbing" hätte ich zum Abschluss noch ein paar *Bon Mots* für euch:

Mobber: „Wenn ich so hässlich wäre wie du, würde ich mich aufhängen."

Du: „Wenn ich so schön wäre wie du, würde ich gar nicht hier arbeiten."

oder

Du: „Wenn wir alle so schön wären wie du, würdest du ja gar nicht mehr auffallen."

„Du brauchst ja nur mit dem Finger zu schnippen!"

Neid

Mein Haus, mein Auto, meine Psychosen. Warum Neid so zerstörerisch ist.

Was ist überhaupt Neid? Ich habe etwas, was andere gut finden, aber selber so nicht hinkriegen.

Das war ja einfach. Aber nur bis hierhin. Denn dem Faktor *Neid* entgegenzuwirken ist mit das Schwierigste überhaupt.

Nichts habe ich in meinem Leben so oft zu spüren bekommen wie diese eine Eigenschaft - eine der hässlichsten Eigenschaften überhaupt. Für mich ist das besonders schwierig, weil es mir vollkommen fremd ist. Ich werde mit etwas konfrontiert, mit dem ich nicht geboren wurde. Ich schwöre: Ich kenne Neid nicht!

Aber die positive Form davon, die kenne ich. Sie nennt sich *Bewunderung* und ist nicht zerstörend oder zerfressend. Sie tut mir nichts und auch nicht der Person, die ich bewundere, für was auch immer. Bewunderung kann man in Motivation und Mut umwandeln, um sich selbst neue Ziele zu setzen. Mit Neid gelingt das ganz sicher nicht. Das bekannte Model Gisele Bündchen kennt sich mit Neidern bestimmt auch sehr gut aus, denn sie schrieb in ihrer Biographie:

„Neid verleiht einem nur das Gefühl, niemals gut genug zu sein." Damit hat sie eine recht gute Definition abgegeben, denn der Satz beinhaltet die zerstörerische Kraft, die aus dem Faktor Neid entstehen kann.

Ich bewundere alle Menschen, die sich mutig für Schwächere einsetzen. Und die, die sich einer langweiligen und überholten Norm widersetzen, sprich, gegen den Strom schwimmen. Diejenigen, die - ich darf mal kurz unhöflich werden - das Maul aufmachen, wo andere schweigen, weil sie sonst Unannehmlichkeiten befürchten. Und denen versuche ich nachzueifern und das Schöne ist: das darf auch gerne jeder wissen. Vorbilder zu haben ist keine Schwäche. Neid hingegen sieht völlig anders aus: Da hat jemand ein teures Auto gekauft oder wird vom Chef bevorzugt und da kommt das Gefühl auf: das ist nicht gerecht. Warum er und ich nicht? Warum bist du hübscher als ich? Was fällt dir ein? Du kannst nichts dafür? Mir doch egal, jetzt bin ich stinkig und lasse dich das spüren. Dir hat es einfach nicht besser zu gehen als mir. Merkt ihr was? Neid ist wie ein Strudel, man kann sich da richtig hineinsteigern. Dann ist plötzlich auch völlig egal, warum der Andere besser da steht. So kann man bequem einen Schuldigen finden, für das eigene Leben, das man nicht im Griff hat. Der Andere wurde ja vorgezogen. Der Andere hat ja alles in den Schoß gelegt bekommen. Der Andere, der Andere, der Andere! Hauptsache, ich beschäftige mich nicht mehr mit meinen eigenen Problemen, denn das würde weh tun und dazu müsste ich auch noch ehrlich zu mir selbst sein. Aua!

Dazu fällt mir eine sehr absurde Geschichte ein. Früher wurde ich dafür angegangen, dass ich leichtes Übergewicht hatte. So eine Art Babyspeck. 63 Kilo im Alter von 16 Jahren. Heute werde ich manchmal dafür angegangen, dass ich leichtes Untergewicht habe. 52 Kilo. Es ist unfassbar, womit sich die Leute so befassen! Und dann kann man sich hochrechnen, was Leute aushalten müssen, die viel mehr oder viel weniger wiegen. Der Unterschied von früher zu heute ist, dass heute sehr viel Neid dabei ist. Ich kann das nicht nachvollziehen. Viel wichtiger ist doch, dass ich mich gesund und gut fühle und nicht wie viel ich wiege. Es ist übrigens leicht, den Unterschied zu erkennen, wer neidisch auf deine Figur ist und wer sich wirklich Sorgen macht. Du erkennst es an den Schlüsselwörtern. Von Einigen hörst du Begriffe wie „Klappergestell" und „Knochengerüst" und von Anderen „Stress" und „Schilddrüse". Da muss ich nicht lang überlegen, wer auf welcher Seite steht. Und allen, die zu viel wiegen, kann ich nur raten, mit der gleichen Gelassenheit da heran zu gehen. Wenn ihr fröhlich und ausgeglichen seid, ruft das früher oder später irgendwelche Neider auf den Plan, und die suchen sich Schwachstellen an dir aus, die eigentlich gar keine sind. Laaaangweilig!

Neid ist übrigens nicht zu verwechseln mit Eifersucht. Die wiederum kenne ich. Oder besser gesagt: kannte ich. Das Motiv ist allerdings ein ganz anderes, glaube ich. Irgendwas mit Verlustangst. Und eigener Unsicherheit, die Vertrauen reduziert. Darauf komme ich später noch einmal zurück.

Ich habe mich auch schon Sätze sagen hören wie: „Pass auf, dass dein Neid dich nicht auffrisst. Wäre schade, wenn du nicht mehr da wärst." Aber natürlich mit einem großen Augenzwinkern. Das kann man bei guten Freunden machen. Gute Freunde sind nicht neidisch? Oh doch, das kann vorkommen. Ich nehme ihnen das auch nicht übel. Auf jeden Fall sollte man der Situation erst einmal mit Humor begegnen.

Am Arbeitsplatz ist das schon eine andere Nummer. Ein neidischer Kollege kann anfangen zu hetzen. Da ist der schwerste Weg leider oft der erfolgreichste: Mach ihn dir zum Freund. Verbringe Zeit mit ihm, zeige ihm, dass du kein Überflieger bist, sondern ein ganz normaler Mensch, mit allen Stärken und Schwächen. Zeige ihm auch, dass du siehst, dass es ihm nicht gut geht. Biete deine Hilfe an. Das kann am Anfang ganz schön in die Hose gehen, denn Menschen wollen keine Schwäche zeigen, schon gar nicht die, die neidisch sind. Doch mit ein bisschen Geschick und Geduld kann sich das Blatt wenden. Dranbleiben.

Was auch ganz gut funktionieren kann, ist, dem Neider Komplimente zu machen. Er, der dich immer genau anschaut, weil du irgendwas hast, was er nicht hat, wird jetzt um 180 Grad umgedreht und soll sich selbst einmal mögen lernen. Ich untersuche in so einer Situation, was mir an Anderen, die mir das Leben schwer machen, gut gefällt und äußere das (aber nur wenn ich es ehrlich meine) zum Beispiel so: „Du hast wirklich schöne Haare!" Oder „Du machst den besten Nudelsalat der Welt, ehrlich!"

Irgendwas ist nämlich garantiert auch an dem Neider gut, aber durch seinen Neid konzentriert er sich nicht mehr auf seine eigenen positiven Eigenschaften. Also kann man da gern ein wenig nachhelfen, finde ich. Wichtig ist, dass man seine Aussage ernst meint und das Ganze nicht nach Einschleimerei klingt. Mir macht es inzwischen große Freude, einem neidischen und feindlich gesinnten Menschen seine eigenen Fähigkeiten und Stärken vor Augen zu führen, denn das Ergebnis ist oft, dass der Neider überrascht ist (damit hat er nämlich überhaupt nicht gerechnet), und sich daraufhin der unterschwellige Stress auflöst und ab nun Kommunikation auf Augenhöhe stattfinden kann.

Und jetzt habe ich doch noch etwas entdeckt: Einige Tierarten sind (im Gegensatz zu uns) in der Lage, bestimmte Vitamine selbst zu bilden. Respekt! Darüber hinaus können Katzen bekanntlich im Dunkeln sehr gut sehen. Mit anderen Worten: keine blauen Flecke durch plötzlich auftretende Möbelstücke und Bettkanten. Sehr praktisch. Da bin sogar ich ein bisschen neidisch. ;-)

Ich bin ich

„ Die Leute, die lernen, mit sich selbst gut klar zu kommen, sind die, die die beste Chance haben, glücklich zu werden. “
(Steven Adler, Ex-Schlagzeuger von Guns´n Roses)

Nachdem wir uns jetzt schon mal mit zwei sehr schwierigen Themen wie Mobbing und Neid befasst haben, ist es jetzt an der Zeit, sich den Menschen an sich genauer anzuschauen. Wir wollen nicht mehr hilflos solch negativen Situationen ausgeliefert sein, also müssen wir herausfinden, wie wir ticken. Besonders dann, wenn es ungemütlich wird. Womit kann man mich angreifen und wie bekomme ich das heraus? Wenn ich das weiß, kann mich ja nichts mehr überraschen.

Sich selbst kennenlernen

Was für ein Mensch bin ich eigentlich? Habe ich schon mal ganz bewusst über meine Stärken und Schwächen nachgedacht? Was mögen Menschen an mir? Und was eher nicht? In welchen Situationen gerate ich in Stress, flippe ich aus oder bin ich empfindlich?

Um das herauszufinden war mein erster Schritt, meine Familie zu befragen. Wie sind meine Eltern? Und wie meine Großeltern? Wir übernehmen tatsächlich einiges von unseren Vorfahren. Nun ja, kein Wunder, wozu hat man Gene. Dass gleich beide meiner Großväter an einem Herzinfarkt gestorben sind (kaum dass sie die 60 überschritten hatten), sagt mir schon mal, dass ich mich nicht unnötig aufregen sollte. Aber ich wollte noch viel mehr wissen und fing an, meinen Vater ganz genau zu beobachten. Und ich habe ihn dabei völlig neu entdeckt! Er geht auch schnell hoch, andererseits ist er extrem authentisch und ehrlich. Seine Mutter wiederum ist eine kräftige Bäuerin gewesen, die unermüdlich im Stall und auf dem Feld gearbeitet hat, dafür aber nie lesen oder schreiben lernte. Aha: hier kommt also die Kraft und Ausdauer her! Und auch das gewaltige Temperament. Gut zu wissen. Auf der mütterlichen Seite sieht es ganz anders aus: Meine Mutter war - laut meiner Tante - eine sehr sprachbegabte, immer hübsch angezogene Frau, und ihre Schwester (richtig, meine Tante) konnte fantastisch singen und pfeifen. Ihre Mutter, sprich meine Omi, war eine begnadete Schauspielerin und Marketing-Expertin. Sie konnte alles und jeden überzeugen, auch von sich selbst. Als Kind war Omi für mich nicht immer ein Segen, dazu später mehr. Aber von einigen ihrer Gene profitiere ich bis heute: Ich lasse nicht locker. Wenn mich etwas interessiert, dann bleibe ich da dran. Und ich kämpfe für meine Ideale. Omi sei Dank. Sie war es auch, die in unserer Familie anfing, sich für Tierrechte zu engagieren, und schon zog ein Hauch von Vegetarismus durch drei Generationen.

Ansonsten habe ich aber sehr viel mehr von der väterlichen Seite. Die Ungeduld und die Impulsivität

haben mich schon oft in Schwierigkeiten gebracht.
Aber wenn man sich kennt, kann man schneller
dagegen ansteuern. Nur darum geht es, und nicht
darum, perfekt zu sein. Das schafft sowieso keiner.
Aber man kann sich antrainieren, in kniffligen
Situationen angemessener zu reagieren. Man muss nur
lernen *wie*.

Nachdem ich nun weiß, was eher unschön an mir ist,
schaue ich mir meine positiven Seiten an. Da fallen mir
spontan zwei Dinge ein: eine sehr soziale Ader (das
kommt netterweise von beiden Seiten, Mutter wie
Vater) und eine gut ausgeprägte Menschenkenntnis.
Von wem die kommt, weiß ich nicht. Aber sie ist da.
Und jetzt kommt die gute Nachricht:
Menschenkenntnis kann man genau so lernen, wie
Mathematik oder Zeichnen. Es gibt Menschen, die sind
einfach gut in Mathe. Und dann gibt es Menschen, die
müssen unheimlich büffeln, um zumindest ein bisschen
gut in Mathe zu sein. Beim Zeichnen ebenso: einige
können aus dem Kopf einfach alles aufpinseln. Und
andere mühen sich ab, nehmen sogar Zeichenunterricht
und verbessern sich dann auch. Aber niemals wird man
so gut, wie jemand der so eine „Inselbegabung" hat.
Bei Nicht-Begabung hat jeder Lernprozess so seine
Grenzen. Das ist aber überhaupt nicht schlimm, denn
ein bisschen was lernt man trotzdem.

Wie kann man Menschenkenntnis lernen und warum
wollen wir das überhaupt? Ganz einfach: wir hatten
doch das Thema Mobbing. Um sich gegen Mobbing zu
schützen, ist es wichtig, seinen Kontrahenten richtig
einschätzen zu können. Es hilft aber auch außerhalb des

Mobbing. Zu wissen, ob man belogen wird, ob man gemocht wird, ob man ausgenutzt wird, ob Aggression in der Luft liegt - du kannst lernen, das alles besser zu erkennen. Und hier kommt der Schlüssel:

Bauchgefühl

Das Bauchgefühl ist eine ganz starke Sache, die entweder total unterschätzt oder einfach ignoriert wird. Ich setze es mal mit dem klassischen *Instinkt* gleich. Dazu fallen mir als erstes Tiere und Babys ein: beide haben keine Sprache, müssen aber trotzdem klarkommen. Sie haben nur eins: ihren Instinkt. Und auf den müssen sie sich verlassen. Wenn wir erwachsen werden, verliert der sich irgendwie. Wir denken mehr mit dem Kopf, als mit dem Bauch. Denn wir können ja nun sprechen, und man kann uns alles erzählen, vor allem einen vom Pferd! Und schon sitzt man in der Falle: der andere hat es ja so gesagt, also muss es ja stimmen. Und dann kommt der berühmte Satz: „Ich hatte gleich so ein komisches Gefühl ...". Ja, hättest du mal drauf gehört!

Wie kommt es, dass wir so oft *nicht* auf unser inneres Gefühl hören? Ich sage es euch: es ist der Kopf. Der Kopf, der die Logik verwaltet. Und - rein logisch betrachtet - stimmt hier doch alles: Man ist nett zu uns, man sagt, was wir hören wollen und so weiter und so fort. Aber trotzdem sagt der Bauch etwas anderes. Und was machen wir? Wir entscheiden nach Logik. Weil alle sachlichen Argumente stimmten. Und das Bauchgefühl als Argument nicht in die Logik passte. Nur weil wir unser ungutes Gefühl nicht erklären konnten, haben wir uns für etwas entschieden, was wir hinterher bereuten. Das ging mir auch mal so:

Der Umzug

Ich entschied mich vor einiger Zeit in einen Ort zu ziehen, in dem eigentlich alles passte: Die Infrastruktur war gut, die Leute alle freundlich, das Haus gemütlich und die Luft herrlich. Nach nicht mal drei Jahren zog ich wieder weg. Ich hatte von Anfang an das Gefühl gehabt, dass ich da nicht hinpasste. Aber ich konnte es nicht erklären. Alle Argumente waren ja auf der Positiv-Seite und kein einziges auf der Negativen! Und trotzdem wehrte sich etwas in mir - ich konnte es nur nicht sichtbar machen. Hinterher schalt ich mich selbst einen Deppen. Mein Bauchgefühl hatte sich doch klar geäußert! Ich suchte also mit meinem Mann eine neue Bleibe. Das erste Haus, das wir ansahen, wirkte auch perfekt. Wir sprachen nach der Besichtigung darüber, und ich zählte meinem Mann alle positiven Aspekte auf. Dann sprach mein Mann: „So rational wie du sprichst, fühlst du dich aber mit dem Haus trotzdem nicht wohl. Dann hat es keinen Sinn." Und recht hatte er! Bei der nächsten Besichtigung bin ich in das Haus gegangen und war sofort verliebt. Es war mein Haus! Ich brauchte keine Pro- und Kontra-Listen mehr, ich wusste, dass es das Haus ist, in dem ich mich pudelwohl fühlen würde. Ich versuchte, meinen Enthusiasmus zu verbergen und zeigte - ganz neutral - meinem Mann die potentielle neue Bleibe. Auch er fand sie sofort prima. Und was soll ich sagen: Wir wohnen immer noch dort!

Manchmal steht man aber auch vor sehr schwierigen Entscheidungen. Soll ich oder soll ich nicht? Links oder rechts herum? Wenn du dir nicht sicher bist, vertage es. Nimm den Druck raus. Und wenn noch ein ungutes Bauchgefühl dazu kommt, du aber trotzdem nicht entscheiden magst, dann erst recht. Und lass dich nicht zu einer Entscheidung drängen. Es lohnt sich, bei Druck und Drängelei ruhig etwas misstrauisch zu werden. Im Zweifel kannst du folgendes tun:
- Distanz schaffen zur Situation. Eine Nacht darüber schlafen.
- Jemanden, der nichts damit zu tun hat (also unparteiisch ist) zu Rate ziehen.
- Ein Zwiegespräch mit dem Bauchgefühl halten.
- Gelassen, sachlich und unaufgeregt entscheiden.
- Die möglichen Konsequenzen eruieren, um nicht überrascht zu werden.

Mir ist gerade etwas aufgefallen: Das sind fast die gleichen Schritte, die ich bei Gefühlen der Wut auch anwenden würde.

Wut

Wo wir gerade beim Thema Wut sind: Was macht eine Argumentation richtig schlecht und verdirbt alle noch so guten Beiträge? Die Wut. Jemandem, der wütend ist, kann man nicht gut zuhören. Man konzentriert sich nicht auf das Gesagte, sondern mehr auf die Gefühle, die einem entgegen schwappen. Außerdem wirkt man eher unglaubwürdig, wenn man wütend ist. Bin ich in einen Streit geraten und wirklich wütend, versuche ich, Zeit zu gewinnen, um mich zu beruhigen. Ich brauche Gelassenheit und Distanz zum Problem, sonst kann ich es nicht lösen.

Zeit spielt eine entscheidende Rolle. Wenn man provoziert wird, sollte man möglichst nicht sofort darauf reagieren, wenn man anfällig oder angreifbar ist. Am folgenden Tag hat man so viele bessere Argumente, so viel mehr Humor, so viel weniger inneren Stress, und die Situation sieht meistens dann auch nicht mehr ganz so bedrohlich aus.

Eine Sache noch: Wenn ich so richtig wütend werde und merke, dass es raus muss und ich eben *keine* Zeit habe, das Ganze zu überschlafen oder mich aus der Situation temporär zu entfernen, dann mache ich oft folgendes: ich wandele die Wut in eine Louis-de-Funes-Nummer um. Mit anderen Worten: ich lasse die Wut raus, kombiniere sie aber sofort (und theatralisch) mit ulkigen Elementen, zum Beispiel in Gestik und Mimik: verzerrtes Gesicht mit Andeutung, dem anderen den Hals umzudrehen, dabei aber komplett zu übertreiben und kurz zu grinsen. Sowie das berühmte Aufstampfen mit den Füßen und die „ooohhh"s und „hmmm"s des knuffigen Franzosen. Wenn man maßlos übertreibt und danach zwinkert, kann einem niemand wirklich böse sein und doch ist man sie geschickt losgeworden: die Emotion, die einfach raus musste! Bei mir persönlich sehr beliebt ist die Andeutung, in den vor mir stehenden Tisch zu beißen. Jeder kann sich da sein eigenes „Ritual" angewöhnen.

Mea culpa

Aber wir sind alle nicht perfekt, und wir alle kommen an unsere Grenzen und dann passiert was passieren muss: wir haben uns falsch benommen, waren aggressiv oder übermütig, oder arrogant oder bissig oder einfach eine Spur zu laut. Das berühmte Kind ist also in den ebenso berühmten Brunnen gefallen, und unser Gegenüber ist verletzt oder entsetzt oder macht die Tür von außen zu. Mist!

Das ist uns allen (und ich meine wirklich allen!) schon passiert, denn wir sind und bleiben Menschen. Und was gerade eben noch total schlimm war, bleibt aber nicht schlimm, besonders dann nicht, wenn wir jetzt das Richtige tun.

Lerne, dich zu entschuldigen!

Wer in der Lage ist, sich zu entschuldigen, schafft Nähe und stellt verlorenes Vertrauen wieder her. Man zeigt damit, dass man selbst auch Schwächen hat (sonst wäre man ja nicht so ausgetickt), aber das wird honoriert, denn eine ernst gemeinte Entschuldigung setzt Mut voraus. Wird die Entschuldigung nicht angenommen, gib dem Anderen Zeit und sage es ihm auch. Guck nicht so erwartungsvoll! Niemand, der verletzt wurde, muss sich sofort um 180 Grad drehen, nur weil du dich entschuldigt hast. Verschenke Zeit. Der Andere muss ja auch erst mal mit der Situation klarkommen. Wenn du kannst und die Situation es erlaubt, dann benutze auch hier einen feinfühligen Humor. „Ich war total furchtbar zu dir. Kuchen?" Das geht natürlich nicht immer und man muss schauen, wie ernst die Lage ist und wie die Entschuldigung beim Gegenüber ankommt. Im krassesten Fall, nämlich wenn der Andere für dich gar nicht mehr erreichbar ist, weil er komplett mit dir abgeschlossen hat, und du somit überhaupt keine Möglichkeit hast, dich zu entschuldigen, rate ich zu einem Szenario, welches ich wiederholt in höchster Verzweiflung angewendet habe.

Der gemeinsame Nenner

Ich gehe zu jemandem, der sowohl mit mir, als auch mit dem Kontrahenten befreundet (oder verwandt) ist und erkläre die ganze Situation, inklusive Entschuldigung. Dann bitte ich darum, dass diese Person das meinem Streitgegner ruhig erklärt, inklusive meiner Gefühlslage. Gott sei dank klappt das recht oft. Selbst wenn man danach nicht mehr so befreundet ist wie vorher, es schafft zumindest eine Form von Frieden auf beiden Seiten.

Sollte auch das nicht klappen, gilt eine Grundregel: Nicht drängeln und nicht drohen. Entweder wird die Zeit es richten oder nicht. Aber mehr kannst du nicht tun. Du hast dann alles versucht.

Es ist schade, dass viele Menschen nicht in der Lage sind, sich zu entschuldigen. Dabei formt und stärkt auch das den Charakter ungemein. Man wird ehrlicher sich selbst gegenüber. Und reflektierter. Darüber hinaus kann es Freundschaften stärken, weil jetzt jeder seine Grenzen kennt, aber auch weiß, dass es nicht schlimm ist, wenn sie überschritten werden, solange man die

Entschuldigung wirklich ernst meint und der, der verletzt wurde, auch merkt, dass sein Kummer ernst genommen wird.

Verurteile einen Menschen nie zu früh. Versetze dich erst einmal in seine Lage und überlege, ob du nicht ähnlich fühlen würdest. Seine eigene Wut zu bekämpfen ist wirklich nicht einfach; ich weiß wovon ich spreche. Aber es lohnt sich. Denn mit Wut wurde noch nie ein Problem gelöst.

Das Thema Wut greife ich im nächsten Kapitel noch einmal auf. Vorher habe ich ein noch recht aktuelles Beispiel, wo ich wieder einmal schwer mit mir selber und meiner Wut kämpfen musste, und wo wieder einmal nicht klar war, ob und wie viel Porzellan ich zerschlagen würde.

Das Versprechen

Eine Freundin von mir, die ich überaus schätze, konnte ein Versprechen, dass sie mir gegenüber abgab, nicht einhalten. Es war nicht einmal ihre Schuld gewesen, dennoch hat mich diese späte Beichte in eine unangenehme Situation gebracht. Kurzum: Ich war richtig geladen! Meine Emotion erschwerte natürlich anfangs die Suche nach einer Lösung für mein Problem. Kurze Zeit später hatte ich das Problem schon gelöst - sauer war ich aber immer noch auf sie. Dann habe ich mich gefragt, warum ich so sauer bin, denn das Problem bestand ja nun nicht mehr. Es lag daran, dass ich sie so ungemein gern mochte und mich immer blind auf sie verlassen konnte. Um so enger man mit jemandem verbunden ist, um so größer ist die Fallhöhe, sprich, die Enttäuschung. Und Enttäuschung ist das Gift, das länger wirkt als Wut. Eigentlich weiß ich das ja, aber wenn man selbst mitten in so einem Gefühlschaos steckt, dann hilft diese sachliche Erkenntnis nicht weiter.

Ich kochte also wochenlang vor mich hin; wusste nicht, ob und wie ich sie darauf ansprechen sollte. Dann half der Zufall: Wir begegneten uns eines Tages, und ich sagte ihr ruhig, dass ich mit der Situation ganz schön zu kämpfen hatte. Gleich danach schlug ich ein Treffen vor, und seitdem ist alles wieder in Ordnung. Hätte ich meiner Wut nachgegeben, wären wir heute nicht mehr befreundet. Ich werde die Messlatte in Zukunft nicht mehr so hoch legen; denn dass ich das gemacht habe, war ganz allein mein Fehler gewesen.
Ein bisschen geholfen hat auch mein Mann, in dem er ganz beiläufig sagte: „Du erwartest zu viel." Ich habe darüber nachgedacht und beschlossen, Menschen nicht mehr an meinen eigenen Vorstellungen und Taten zu messen. Das fängt schon im Kleinen an: Ich bin recht schnell angefressen, wenn man mir nicht auf Mails antwortet. Ich selbst mache das immer. Beispiel: Es gab eine Zusammenkunft mit Freunden, und es wurden Fotos gemacht. Oft von mir. Ich schicke die dann an alle Beteiligten per Mail und erwarte in dem Moment, was ich selbst machen würde: Es anerkennen. Mir reicht ein: „Ist angekommen, danke." Aber so etwas komplett zu ignorieren, enttäuscht mich immer noch immens. Dagegen habe ich auch bis jetzt kein Mittel gefunden. Heutzutage wäre das auch auf Whatsapp-

Nachrichten übertragbar. Nicht antworten bei noch offenen Themen: ganz dünnes Eis, wenn es mich betrifft.

Also: Lerne deine Mitmenschen und vor allem dich selbst besser kennen. Setze deine Stärken vernünftig ein und arbeite an deinen Schwächen. Beides funktioniert nur, wenn du eine realistische Selbsteinschätzung von dir erreichst. So erkannte schon Sherlock Holmes:

„Sich selbst zu unterschätzen führt genauso weit weg von der Wahrheit wie seine eigenen Kräfte zu überschätzen."

Wahrnehmung, Deutung, Reaktion

Was geht in meinem Gegenüber eigentlich vor? Warum
ist der/die so? Und wie reagiere ich darauf?
Jetzt sagt ihr ganz zu recht: Wahrnehmung? Das hat
doch was mit Bauchgefühl zu tun. Das hatten wir doch
schon. Stimmt. Aber nur zur Hälfte. Da fehlen noch
zwei Sachen: Deutung und Reaktion.

Verschiedene Dämonen

Es gibt eine Reihe von teuflischen Verhaltensmustern
und Zuständen, die uns - mehr oder weniger - geläufig
sind, ob bei uns selbst oder bei unseren Mitmenschen.
Alle können wir nicht beleuchten, aber vielleicht ein
paar wie zum Beispiel Wut, Verbitterung, Eifersucht,
Angstzustände, Verdrängung und Prahlerei. Aber es
gibt auch Dinge, die diese Dämonen recht wirksam
bekämpfen können: zum Beispiel Respekt, Verständnis
und Diplomatie. Aber fangen wir von vorne an:

Wut

Was ist eigentlich Wut? Ich stelle mich mal als Beispiel
zur Verfügung. Irgendwas passt mir nicht, irgendwas ist
ungerecht, irgendwer geht mir gewaltig auf die Nerven.
Mein Adrenalinpegel steigt, und ich reagiere

42

unsachlich, laut und extrem emotional. Wie geht man jetzt mit mir um?

Lass mich erst mal fertig brüllen. Du hast eh keine Chance. Reagierst du zu schnell auf meine Wut, wird sie höchstens noch größer. Wenn du zu früh die Luft rauslässt, werde ich noch wütender, weil ich in meiner Wut unterbrochen werde. Das geht nicht, denn ich will jetzt wütend sein! Also sage ich so Dinge wie „das interessiert mich gerade überhaupt nicht!", damit ich nicht weich werde und nachgebe. Also: Mach Pause und lass Ruhe einkehren. Danach kann ich dir viel besser zuhören, wenn du Verständnis zeigst und ein sachliches Gespräch beginnst.

So ähnlich reagieren auch Mitarbeiter in zahlreichen Beschwerde-Abteilungen von großen Firmen: immer erst einmal aussprechen (-brüllen) lassen. Nicht unterbrechen. Der wütende Kunde ist ja irgendwann mal fertig und möchte die Wirkung seines Ausbruchs sehen oder hören.

Jetzt kannst du loslegen: „Ich verstehe Ihre Wut vollkommen." Ob du sie verstehst oder nicht, spielt vorläufig keine Rolle. Ich - mit meiner typischen Art - sage auch gern so Sachen wie: „Alter Schwede. Sie hatten ja einen richtigen Scheißtag." Damit rechnen viele Kunden nicht. Weder mit der saloppen Sprache, noch mit der ehrlichen Zustimmung. Wer anfängt mit: „Mäßigen Sie erst einmal Ihren Ton …" oder „In dem Ton brauchen wir gar nicht zu kommunizieren!", wird nicht viel erreichen, auch wenn es inhaltlich natürlich total stimmt, aber es geht oft in die falsche Richtung. Bei Wut geht es nicht darum, wer Recht hat und wer nicht. Darum geht es bitte erst, wenn die Emotionen herausgelassen wurden. Zu Beginn muss man dem Gegenüber das Gefühl geben, dass er gehört wird und ihm Zeit geben, die Wut auszuleben. Wie er die Wut bei sich selbst bekämpfen sollte, damit er gar nicht erst so ausflippt, kann er ja im vorangegangenen Kapitel nachlesen. Sobald er wieder klar denken kann, versteht sich.

Nachdem uns der Kunde also sein Adrenalin vor die Füße gekippt hat, können wir in Ruhe nachfragen: „Erzählen Sie bitte mal von Anfang an, wie es dazu kam..." oder „Das tut mir wirklich leid, dass Sie das durchmachen mussten" oder „Okay, schauen wir mal, ob wir eine schnelle und effektive Lösung für Sie finden." Danach findet sich der Dialog oft von selbst. Wut ist gottlob etwas, das im Regelfall nur von kurzer Dauer ist. Wenn wir nun also unser Gegenüber ernst nehmen, Verständnis zeigen und versuchen, eine Lösung zu finden, kann sich die Wut auch nicht mehr in die Gefühle verwandeln, die üblicherweise nach ihr kommen: Verbitterung, Groll, Hass.

Eifersucht

Eifersucht ist ein echt heikles Thema. Manchmal ist sie - wenn auch übertrieben - berechtigt und manchmal auch nicht. Beides ist schwierig zu packen. Einer berechtigten Eifersucht kannst du nur Herr werden, wenn du mit deinem Partner darüber sprichst (nicht brüllst oder weinst) und er dich dann beruhigt (und dich nicht als hysterisch und lächerlich abtut). Die Sachen, die da in Klammern stehen, sind leider die Sachen, die eher passieren, als die, die nicht in Klammern stehen.

Aber was ist mit einer völlig unberechtigten Eifersucht? Da ist der Eifersüchtige selbst das Problem. Er wird mit etwas nicht fertig, ist unsicher, wahrscheinlich auch auf sich selbst wütend und muss das unbedingt von sich wegschieben. Da habe ich ein schönes Beispiel, wie ich es vor Kurzem selbst erleben durfte.

Der Besuch

Ich habe einen sehr lieben Freund, mit dem mich seit 20 Jahren eine tolle, aber ausschließlich platonische Freundschaft verbindet.
Er wurde sehr krank und musste ins Krankenhaus.
Seine Freundin konnte ihn nicht besuchen, aber ich konnte und wollte. So rückte ich dreimal an, brachte ihm auch jedes Mal etwas Schönes mit, was ihn auch sehr freute.
Die Freundin war total sauer auf mich! Hier haben wir sie also: die völlig irrationale Art der Eifersucht. Denn er war nichts weiter als ein guter alter Freund, und sie wusste das auch ganz genau. Aber weil sie selbst nicht hingehen konnte, kanalisierte sie ihren Frust auf mich, die ich konnte und ging.

Leider gibt es diese irrationalen Emotionen häufiger als gedacht. Dagegen kann man sich nicht wehren, und es wäre auch falsch, sich dem unterzuordnen. Der Freund war mir wichtiger, als das unlogische Denken seiner Freundin, mit der ich bis dahin sehr gut zurechtkam, und ich mag sie auch immer noch sehr gerne. Warum? Weil ich sie verstehe. Ich kann etwas verstehen und trotzdem nicht billigen. Unter uns: Es hat lang gedauert, bis ich das gelernt habe! Jeder hat schon einmal total emotional und unlogisch reagiert, genau wie ich halt auch. Also statt nun ebenfalls sauer auf sie zu sein, habe ich das Thema hinterher einmal bei meinem Freund angeschnitten (sie selbst wollte nicht darüber reden) und sachlich erklärt, wie schade ihr Verhalten ist und dass es zu nichts positivem führt. Und so halte ich es weiterhin: Ich rege mich nicht auf (ich versuche es zumindest), sondern erkläre klar und ruhig meinen Standpunkt, und damit ist das Problem nicht mehr bei mir. Eine optimale Lösung gibt es hier leider nicht, aber ich habe getan, was ich konnte.

Und wenn er wieder krank wird, fahre ich wieder hin.

Angstzustände: ein echter Knaller unter den Psychosen.

„Wenn es mich erwischt, kann es jeden erwischen!"
(Alexander Huber, Extremkletterer und einer der
„Huberbuam")

Ein ganz mieses Thema. Hier stehen schwer lösbares Verhalten und Unverständnis der Gesellschaft ganz stark im Vordergrund. Wie erklärst du jemandem, dass du genau jetzt an diesem Ort nicht sein kannst? Nein, es liegt nicht am Wetter. Nein, auch nicht an den Leuten. Es liegt an nichts, außer an dir selbst. Und das mach mal jemandem so klar, dass er es akzeptiert. Herzlich willkommen im Club der Angstzuständler!

Außenstehenden kann ich dieses Phänomen leider nicht erklären. Und die, die das kennen, brauchen keine Erklärung. Irgendwelche Analysen zu dem Thema überlasse ich sehr gerne den Fachleuten. Nur so viel: Es hat sehr oft etwas mit der eigenen Kindheit oder Vergangenheit zu tun. Vielleicht helfen ein paar Beispiele weiter.

Das schrägste Beispiel, das mir zu diesem komplexen Thema einfällt - und damit habt ihr jetzt garantiert nicht gerechnet - ist ausgerechnet Axl Rose!

Unser charismatischer Frontmann der damals sehr beliebten Rockband Guns n´Roses hatte die ein oder andere Psychose (die in der Öffentlichkeit bekannteste war wohl sein Kontrollzwang) und das brachte den entsprechenden Ärger mit sich. Von seinem engsten Umkreis beschrieben als Mensch, der feinfühlig, intelligent, kinderlieb, spendabel und extrem ehrlich ist, kam er auf der Bühne oft überhaupt nicht zurecht. Seine Angstzustände verzögerten, wenn nicht sogar verhinderten, den einen oder anderen wichtigen Auftritt, was zu allerlei Frust innerhalb der Band und auch zu massiven Kosten führte. Damit war er als live-performer sogar wesentlich eingeschränkter als seine drogenabhängigen Kollegen, die - ohne Angstzustände, dafür fast immer schwer zugedröhnt - dennoch auf die Bühne konnten! Buhmann war nur der, der ja - zumindest oberflächlich betrachtet - nichts als Entschuldigung hatte: Axl.

Nach dem Lesen mehrerer Biographien und Stellungnahmen zahlreicher Journalisten,

Musikkollegen und engen Freunden, vermute ich sehr stark, dass Axl sehr ähnlichen Dämonen unterliegt wie ich auch. Ich denke nicht, dass er so gehandelt hat, um seine Fans zu verärgern. Davon hat er ja auch nichts, außer Stress. Nein, er hat für diese Musik gelebt und sich mehr als ein Bein ausgerissen, um diese Band hinzubekommen. Er hatte nun mal seine ganz eigene Geschichte, die er immer mit sich herumtrug. Und damit das niemandem groß auffiel, musste er sie auch hinter der viel zitierten Arroganz verbergen. Ein unsicherer, ängstlicher Junge, der nie wirklich erwachsen werden durfte. Großes Talent schützt nun mal nicht vor versauter Kindheit. Heute wird er von seinen Kollegen als sehr viel umgänglicher, verlässlicher und bescheidener beschrieben, was mich ehrlich freut. Er hat es also doch geschafft, ein paar Dämonen in ihre Schranken zu weisen.

Verdrängung

Kennt ihr die auch? Die immer ruhigen, gut-gelaunten, nie aufgeregten, nie nervösen Mitmenschen? Ganz ehrlich: da kann doch was nicht stimmen. Niemand ist immer gut drauf oder lässt sich durch nichts aus der Ruhe bringen. Mir sind solche Leute suspekt, denn ich frage mich: Wo lassen die Dampf ab? Die haben doch entweder eine Riesenleiche im Keller oder sehr bald ein handfestes Magengeschwür. Was sind das für Menschen? Auf jeden Fall welche, die nicht wollen, dass wir hinter ihre Fassade gucken. Oder - bei denen, die am Magengeschwür arbeiten - die sich nicht trauen, einmal kräftig auf den Tisch zu hauen. Das hat sehr oft etwas mit der eigenen Kindheit zu tun. Wenn du als Kind lernst, dass Widerrede oder eine eigene Meinung Drohungen oder sogar Prügel nach sich ziehen, wirst du deine Gedanken herunterschlucken. Doch das geht auf Dauer nicht gut. Schaut euch mal Profile von Serientätern an: Das sind sehr oft Menschen, die als Kind unter einer extrem strengen Erziehung litten, sich nicht wehren konnten oder durften, die keinen Freiraum hatten, sich nie ausleben konnten. Also waren sie nach außen hin nett und umgänglich, aber nach innen wurde der Druck immer größer. Und damit war der Grundstein zum Quälen und Töten gelegt.

Ich höre die Nachbarn der Polizei sagen: „Der war immer so höflich und nett, besonders zu den Kindern." In der Zwischenzeit hat er aber mehrere Frauen abgestochen. Keiner hätte das bei ihm vermutet. Die Kombination aus Intelligenz und psychischem Druck ist äußerst fatal. Der Druck sorgt dafür, dass der Täter irgendwann Dampf ablassen muss und sich sein Opfer sucht. Die Intelligenz sorgt dafür, dass er seine Tat so akribisch plant, dass er in den seltensten Fällen sofort gefasst wird. Eine tödliche Mischung.

Beim Thema Verdrängung ist mir noch etwas aufgefallen: Immer wenn jemand sagt: „Mit der Sache habe ich abgeschlossen!", bin ich mir eigentlich ziemlich sicher, dass er alles hat, außer mit der Sache abgeschlossen. Richtiger und ehrlicher wäre der Satz: „Ich will mich damit nicht mehr auseinandersetzen!" Denn wann immer wir uns über etwas oder jemanden aufregen, bedeutet uns der Mensch oder die Situation noch etwas. Wir hängen und zappeln im emotionalen Netz und kommen nicht heraus. Es ist einfacher, sich auf diese Weise selbst zu belügen, als zuzugeben, dass etwas in einem gärt und nicht verschwinden will. Dieser Selbstschwindel schwächt - wenn er regelmäßig angewandt wird - auf Dauer unsere Persönlichkeit und kann uns krank machen, ganz zu schweigen davon, dass wir das Problem so niemals lösen. Hinzu kommt, dass wir nach außen verbittert und nachtragend wirken. Das bringt uns auch nicht unbedingt Pluspunkte ein, im Umgang mit unserem Umfeld.

Woran merkst du, dass du wirklich komplett mit einer Sache abgeschlossen hast? Du vergibst den Menschen ihre Taten und hast keine Probleme mehr damit, ihnen zu begegnen. Du wirst gleichgültig gegenüber der Situation. Es berührt dich nicht mehr. Und man kann dich damit auch nicht mehr provozieren. Es liegt nun tatsächlich hinter dir.

Angeberei

Was genau ist eigentlich Angeberei? Wie definieren wir sie? Und ab wann ist es Angeberei und nicht mehr ein gesundes Selbstbewusstsein? Und was ist mit den Möchte-Gerns, die nichts können, aber so tun als ob?

Es spricht überhaupt nichts dagegen, zu wissen, was man kann. Aber auch was man *nicht* kann. Weiß man beides, hat man eine gesunde Einschätzung seiner selbst. Aber Vorsicht: man lügt sich da gern mal in die Tasche. Warum tun wir das eigentlich? Weil wir keine Schwächen zeigen wollen. Darüber soll dann auch die Angeberei hinwegtäuschen: Guck mal, wie toll wir das gemacht haben! Aber vielleicht haben das andere für uns gemacht oder wir haben geschummelt. Wir wollen Bewunderung, wir wollen beliebt sein, wir wollen im

Mittelpunkt stehen. Aber so richtig gut fühlen wir uns damit nicht, denn die Fallhöhe ist enorm. Man selbst weiß ja meistens doch, dass das nur erlogen ist und man vorgibt, etwas zu sein, was man nicht ist. Und schon sind wir wieder bei dem Druck: Er ist spürbar und engt uns ein! Und wir können nicht mehr zurück. Jedoch auf Dauer fühlen wir uns elend damit, denn wir haben nur zwei Möglichkeiten: damit weitermachen, den Druck noch mehr erhöhen und die Fassade, hinter die keiner gucken darf, noch stärker ausbauen oder wir ändern uns. Das würde bedeuten, dass wir zuerst ehrlich zu uns selbst und dann auch noch zu anderen sind. Heißt als Konsequenz: wir stehen nicht mehr im Mittelpunkt, sondern am Rand, sind unwichtig und können doch nicht so viel. Das denken wir zumindest, aber das stimmt gar nicht! Denn statt falscher Aufmerksamkeit bekommen wir nun echten Respekt, und zwar dafür, dass wir zugeben können, dass wir auch Schwächen haben. „Hab keine Angst vor dem Versagen", sagte schon Arnold Schwarzenegger und machte immer weiter, gegen jeden Widerstand. Ehrlich sich selbst gegenüber zu sein, ist ein richtig langer und harter Lernprozess! Aber am Ende lohnt er sich. Denn auch deine Mitmenschen spüren, ob du mit dir „rund" bist oder nicht. Und sie zollen dir dafür das, was ich gleich zum nächsten Punkt mache.

Respekt

Warum ist Respekt so wichtig? Weil er mit dem Selbstwertgefühl zu tun hat. Wenn wir uns respektiert fühlen, fühlen wir uns auch ernst genommen. Wir verlieren Angst und Unsicherheit. Respekt ist sogar noch wichtiger als Liebe! Man kann jemanden sehr wohl sehr lieben, ohne Respekt vor ihm zu haben. Und umgekehrt natürlich auch: nicht jeden Menschen, den wir respektieren, müssen wir zwangsläufig in unser Herz schließen.

Wie erlangt man Respekt? Da werfe ich mal zwei Adjektive in die Runde: authentisch und konsequent. Wer authentisch ist, ist meistens sehr sympathisch: Er steht für das, was er tut und mag, ein, egal wie andere darüber denken. Und er tut es bis zum bitteren Ende: das ist konsequent. Wie oft hat man sich und andere schon sagen hören: „Verstehen tu ich ihn nicht, aber er ist authentisch und konsequent. Respekt!" Das sagt doch schon alles. Während ich dieses Buch schreibe, verstirbt ganz plötzlich Jens Büchner. Ein sehr authentischer deutscher Auswanderer, der - trotz diverser Rückschläge - nie aufgegeben hat. Das hat ihn irgendwie sympathisch gemacht, wenn auch in meinem Fall nicht sofort. Am Anfang war ich recht misstrauisch, doch dann zog er auch mich in seinen Bann. Man wollte unbedingt wissen, wie es mit ihm weitergeht. Man hat sich mit ihm gefreut oder hat mitgelitten, während er versucht hat, sich auf Mallorca ein Leben aufzubauen. Wie gesagt, man muss ihn nicht mögen (was ich ohnehin schwierig finde, denn ich bin kein Freund von schnellen Urteilen, wenn man Menschen nicht persönlich kennt), aber eine Form von Respekt hat er sicherlich verdient. Er hat „sein Ding" gemacht, und ich möchte wetten, dass viele Menschen ihm auch den langfristigen Erfolg gegönnt hätten.

Olivia Jones, unser Kiez-Paradiesvogel, die fast schon als ein Wahrzeichen von Hamburg gelten kann, ist auch ein recht gutes Beispiel für authentisches Auftreten und konsequentes Handeln. Als Homosexueller in Frauengewändern hast du nur zwei Möglichkeiten: du gehst durch ständige Anfeindungen unter, oder du zeigst allen Menschen, dass du keine Angst hat, wirst schlagfertig und machst deine Neigung zur Waffe. Natürlich bekommt nicht jeder soviel Öffentlichkeit wie Olivia, aber auch ohne Rampenlicht lohnt es sich, für seine Sache zu kämpfen. Das macht mutig und sympathisch. Und wer das nicht versteht, will es auch gar nicht verstehen. In dem Falle sollte man abwägen, ob sich eine ernste Auseinandersetzung lohnt oder ob man bestimmte Menschen einfach stehen lässt und ohne sie weitergeht.

Fühle in dich hinein, was du wirklich willst, womit du dich wirklich wohlfühlst. Dann verfolge dieses Ziel. Das spüren auch deine Mitmenschen. Mach nichts, um anderen zu gefallen. Damit verdient man keine Anerkennung, stattdessen jede Menge falscher Freunde. Mach dein Ding. Du wirst spüren, dass man dir dann Respekt entgegenbringt. Dieser Respekt wird deine Motivation, den eingeschlagenen Weg weiterzuverfolgen. Es ist nicht der Weg der anderen. Es ist *dein* Weg, und *du* musst dich wohlfühlen, ihn zu gehen. Nur so kannst du mit dir ins Reine kommen.

„Ich arme Sau!"

Selbstmitleid

Selbstmitleid ist der beste Motivator, um sitzen zu bleiben.

Es gibt da eine ganz bestimmte Sorte Menschen, denen wir auch hin und wieder begegnen: Die, die gefühlt seit der Steinzeit nicht vom Fleck kommen. Woran liegt das eigentlich? Warum drehen die sich im Kreis?

Das erste Mal, dass mir das bewusst auffiel, war, als ich einen jungen Mann kennenlernte, der eine ziemlich turbulente Vergangenheit hinter sich hatte. Mehrfach im Gefängnis wegen verschiedener Delikte und auch eine schwierige Kindheit mit Trennung der Eltern inklusive fehlender Nestwärme. Gut, das ist sicherlich eine Erklärung für so manch falsche Entscheidung, aber ich merkte rasch, dass er - obwohl sehr sensibel und gutmütig - keine Kontrolle über sein Leben hatte, geschweige denn gute Freunde, denen er vertrauen konnte.
Und wie ein roter Faden zog sich durch sein Leben, dass er - egal was schief ging - grundsätzlich die ganze Welt dafür verantwortlich machte, aber niemals sich selbst. Er verlor seinen Job: der Chef war Schuld. Er verlor den nächsten Job: wieder war der Chef Schuld oder mindestens ein anderer Mitarbeiter. Er verlor seine Wohnung: der Vermieter war Schuld, der hätte ihm nicht korrekt gekündigt, und so erfand er eine Ausrede

nach der nächsten, um nicht mehr zu arbeiten, um alles ungerecht zu finden und am Ende darauf einen zu heben. Prost!

Manche Leute müssen sehr tief fallen, um ihr Leben komplett umzukrempeln. Er fiel nie tief genug, sondern es gab immer genügend Bekannte, die ihm rechtzeitig aus schwierigen Situationen heraushalfen. Anfangs tat ich das auch, doch irgendwann fragte ich ihn mal, wann er denn vorhat, selbst Verantwortung für sein Leben und das was er tut, zu übernehmen. Er verstand das nie oder wollte das nie verstehen. Für ihn waren alle anderen Schuld, er lebte in dieser Blase, die er sich geschaffen hatte, von Ehrlichkeit sich selbst gegenüber keine Spur. Ehrlichkeit ist aber leider eine Grundvoraussetzung, um seinem Leben die entscheidende Kehrtwende zu geben.

- unangenehme Wahrheiten annehmen
- eigene Fehler erkennen
- Verantwortung für das eigene Handeln übernehmen
- aus Rückschlägen lernen und einen neuen Weg probieren

Bis heute hat sich sein Leben nicht verändert. So viele Chancen hat er bekommen, von Leuten, die es gut mit ihm meinten. Was ich sehr schade finde, ist, dass es nur wenige Menschen gibt, die auch mal die unbequeme Wahrheit aussprechen, weil sie die daraus folgende Auseinandersetzung vermeiden wollen. Wenn dir nie jemand sagt, dass du auch mal die Schuld bei dir selbst suchen solltest, statt immer nur auf andere zu schauen, und jeder nur sein oberflächliches Mitleid heuchelt, dann kannst du nicht vom Fleck kommen. Ich mache das schon lange nicht mehr. Ich sage den Leuten das, was sie eigentlich nicht hören wollen. Aber ich versuche es so zu machen, dass sie nicht gleich weglaufen. Es muss am Ende noch etwas motivierendes dabei herauskommen. Wenn ich nur sage: „Daran bist du ganz alleine Schuld!" wird mir mein Gegenüber kaum um den Hals fallen. Im Gegenteil. Ich stehe dann da, als die, die eh alles besser weiß und ja keine Ahnung hat, wie unfair man behandelt wurde. Ihr kennt solche Menschen auch, oder? Wie fangt ihr so ein Gespräch an? Lohnt es sich überhaupt, sich auf dieses Glatteis zu begeben? Nun, wenn einem die Freundschaft wirklich wichtig ist, dann sollte man auch ruhig mal sagen, was man denkt. Da fällt mir ein oft zitierter Spruch ein: *Jeder möchte, dass du ehrlich bist. Aber wehe, du bist es*!

Also nehmen wir mal zwei klassische Beispiele, für die solche Antworten in etwa gleich aussehen werden, wie ihr gleich merkt:

- Jemand setzt eine Beziehung nach der anderen in den Sand.
- Jemand verliert einen Job nach dem anderen oder hat an jedem Arbeitsplatz Ärger.

So, nun steht die Person vor dir. Ist empört, weil ja alle so gemein sind. Möchte, dass du auch in das Lied des Selbstmitleids mit einstimmst. Du spürst aber in dir, dass das überhaupt nicht das ist, was du empfindest, sondern ringst um die Worte, die deine wirkliche Meinung ausdrücken sollen. Aber aufgepasst: dein Gegenüber ist darauf nicht vorbereitet.

Statt „das liegt aber wohl eher an dir selbst" sagst du vielleicht besser:
„Bist du vielleicht gerade so im Stress, dass sich das auf andere Menschen auswirkt?"
Aus der todesstoßartigen Aussage wurde eine Frage. Das ist immer ganz gut für den Einstieg. Jetzt muss sich nämlich dein Gegenüber mit dieser Frage auseinandersetzen.

Statt „Dann hör doch auf mit deinem ständigen Fehlverhalten!" vielleicht eher:
„Worüber hat sich dein Chef / dein Partner denn konkret aufgeregt?"
Wieder eine Frage. Wieder gezwungen nachzudenken. Jetzt kommt Struktur in die Sache!

Statt „Du schaffst es aber auch wirklich jeden weg zu ekeln. Kein Wunder, dass keiner bei dir bleiben will / dass man dich ständig hinausschmeißt." Vielleicht folgendes:
„Ich habe das Gefühl, du fühlst dich mit dir selbst nicht besonders wohl. Dann ist es für deine Mitmenschen auch schwer, sich mit dir wohlzufühlen. Horch doch mal in dich rein, was dich so auffrisst."

Die meisten Menschen haben nicht gelernt, in kleinen Schritten zu denken. Sie wollen alles so, wie sie es gern hätten. Und am besten sofort. Klappt es nicht, wird hingeschmissen. Dann kommt der Frust. Und das ganze wird zur Spirale nach unten.
Wie kann man die unterbrechen? Nur in dem man Stück für Stück vorgeht. Also muss ich nachdenken: Gibt es einen roten Faden? Etwas, woran ich immer

wieder scheitere? Etwas, was mich immer wieder aufregt? Eine Schwachstelle in mir, die ständig dazu führt, dass Menschen sich plötzlich von mir abwenden?

Der nächste Schritt wäre, mit Freunden zu sprechen und sie um ihre ehrliche Meinung zu bitten. Und lernen, diese Meinung dann auch zu ertragen.
Der darauf folgende Schritt: Um Hilfe bitten. Wie kann ich mein Verhalten ändern? Wie mein Verhältnis zu Mitmenschen verbessern? Kann ich bestimmte schlechte Eigenschaften zumindest ein wenig in Schach halten oder sogar ganz eliminieren? Nicht von jetzt auf gleich, aber wenn ich stetig daran arbeite, kann ich vielleicht umgänglicher werden, nicht so schnell ausflippen? Lernen dem Partner / dem Chef besser zuzuhören oder versuchen, mich in seine Lage zu versetzen? Rechtzeitig ein Gespräch suchen, bevor ich laut werde und wieder einmal wegrenne, in dem Glauben, dass das Problem mich nicht einholt?

Das wird nicht einfach, aber auch dieser Lernprozess lohnt sich. An diesem Schlüsselbund hängen mehrere Schlüssel zum Erfolg: Kommunikation, Ehrlichkeit, Toleranz und Ausdauer.

Und der Generalschlüssel heißt: Selbstreflexion.

Trauer

Das ist ein ganz besonderes Kapitel für mich, denn hier geht es um tiefe und echte Gefühle und um die Problematik, wie man sie ausdrücken kann und darf.

Mit aktiver Trauer hatte ich bislang nicht viel zu tun. Das Thema ereilte mich zum ersten Mal mit voller Wucht, als ich eine echte und sehr schlimme Trauer bewältigen musste. Und dann fing ich an, mich mit den verschiedenen Arten von Trauer auseinanderzusetzen. Ich wusste bis dato gar nicht, dass es verschiedene Arten von Trauer gibt! Ich dachte, Trauer heißt: traurig sein, weinen, sich zurückziehen, sich fallenlassen und halt irgendwann wieder aufstehen. Oder so ähnlich. Aber das ist nur die halbe Wahrheit. Denn Trauer ist so vielschichtig und so verschieden, dass es gut ist, sie mal genauer zu beäugen.

Das erste Mal, dass ich von extremer Trauer befallen wurde, war, als meine Lieblingskatze starb. Es kam ziemlich plötzlich. Sie hatte einen großen Tumor, der herausoperiert wurde. Da sie erst 15 Jahre alt war und sonst sehr gut drauf, hatte ich zwar Angst um sie, aber dass diese OP wirklich Konsequenzen haben könnte, habe ich mir nicht bewusst gemacht. Da war sicherlich Verdrängung mit im Spiel. Meinem Lieblingstier passiert nichts. Punkt!
Die OP frühmorgens verlief gut und ich fuhr nach

Hause. Der Tierarzt behält die Tiere grundsätzlich unter Beobachtung und man kann sie erst nachmittags - wenn sie wach und stabil sind - wieder mitnehmen. Ich wartete auf den Anruf des Tierarztes und der kam auch, kurz vor 16 Uhr. Meine über alles geliebte Katze sei sehr früh aus der Narkose gekommen, doch dann nachmittags einfach zusammen geklappt. Herzstillstand. Ich war absolut fassungslos!

Erste Stufe der Trauer: Ungläubigkeit, Schock.

Mein Lieblingstier tot? So ein Quatsch. Die war bis eben doch noch da. Das kann nicht sein. Das ist nur ein böser Traum. Genau das passierte mir zuerst: Ich wollte es nicht wahrhaben. Mein Gehirn verweigerte jegliche Akzeptanz. Daraus folgte, dass ich mich an dem Tag völlig normal verhielt, alle Tätigkeiten wie unter Autopilot erledigte.

Zweite Stufe: geistige Abwesenheit.

Nächsten Tag lief ich herum wie Falschgeld. Ich verlor meine Konzentration, war in einem stetigen Unruhezustand und stellte Schlaf und Essen ein.

Dritte Stufe: das Erfassen der vollen Wahrheit.

Am dritten Tag war es dann soweit: Ich brach zusammen. Ich begriff plötzlich, dass mein geliebtes Tier nicht mehr zurück kommen würde. Nie mehr. Das war nicht zu ertragen. Ich war am Ende. Letztendlich musste ich etwas gespritzt bekommen, da ich überhaupt nicht mehr in der Lage war, irgendwelche Nahrung zu mir zu nehmen.

Ich vermute, dass bei den meisten von uns diese ersten
Stufen relativ ähnlich ablaufen, doch dann kann die
Trauer verschiedene Wege einschlagen, je nachdem wie
die Umstände vorher waren. Später kommt sie wieder
auf einen Nenner - viel später. Ungefähr an der Stelle,
wo man den Verstorbenen vermisst, aber gleichzeitig
sich über die schönen Erinnerungen freut. Ganz viel
später.

In diesem Fall war es so, dass ich mir starke
Selbstvorwürfe machte. Ich hätte die Krankheit eher
erkennen müssen, ich hätte schneller reagieren müssen,
was wäre wenn und überhaupt. Wäre sie dann noch am
Leben? Meine Trauer war durchbohrt von
Schuldgefühlen und Selbstanklagen, und sie brannte
wie ein loderndes Feuer in meinem Herzen. Ich war
untröstlich. Ich war überfordert mit dieser neuen Art
von Gefühlen. Es war das allererste Mal, dass ich das
durchmachte und erst jetzt, gut drei Jahre später, gucke
ich darauf zurück und verstehe, warum ich diese
Phasen so durchgemacht habe.

Elf Monate danach starb eine weitere Katze.
Genaugenommen ein gemütlicher Kater. Er hatte sechs
Monate vor seinem Tod ein kompliziertes Herzleiden
diagnostiziert bekommen und der Tierarzt meinte, dass
man bei Herzkrankheiten sehr schwer abschätzen
könne, wann es zu Ende geht, aber es wird zu Ende
gehen und eher nicht erst in drei Jahren.
Hier war die Ausgangssituation eine ganz andere: Der
Kater wurde mit vielen Tabletten behandelt, und ich

wusste, dass seine Lebenserwartung ab jetzt sehr viel kürzer war. In den letzten Tagen vor seinem Tod baute er merklich ab, bekam kaum noch Luft und stellte das Essen ein. Als er starb, wusste ich, dass ich alles, was möglich war, für ihn getan hatte und dass ich nichts mehr tun konnte. Seine Krankheit war früh erkannt worden, und er lebte noch ein gutes halbes Jahr damit, in dem wir uns unheimlich viel Zeit nahmen für ihn und so viel Liebe wie möglich gaben.

Diese Trauer war also völlig anders: statt einem lodernden Feuer, war sie eher wie ein Stein im Magen, der lange Zeit nicht weggehen wollte. Es war eine saubere, schuldfreie Trauer, die - wie dann auch bei meiner Lieblingskatze - am Ende diese berühmte Leere hinterlässt. Aber eben auch, wenn man genügend Abstand gewonnen hat, die schönen Erinnerungen und das Gefühl zulässt, dass die Liebe unsterblich ist, solange wir uns erinnern.

Eine völlig andere Form von Trauer ist die um meine Mutter. Meine Mutter starb, als ich fünf Jahre alt war, und ich begriff zu dem Zeitpunkt gar nichts. Wenn man mich als Kind nach ihr fragte, antwortete ich immer das Gleiche: Sie hatte einen irreparablen Tumor, bla bla bla. Natürlich wurde ich damals in erster Linie von anderen Kindern gefragt, und die Reaktion auf meine immer gleiche und schön zurechtgelegte Geschichte war ein Nicken, dass man verstanden hatte, was ich sagte. Kinder sind des Mitleids in dem Sinne nur begrenzt fähig, und das ist auch völlig okay und irgendwie auch sehr ehrlich. Ich vermisste damals nichts (dachte ich) und gewöhnte mich so sehr an dieses immer gleiche Aufsagen meines Textes auf die immer gleiche Frage, dass ich dadurch erfolgreich verhinderte, dass überhaupt bewusste Gefühle von Trauer oder ähnlichem entstehen konnten.

Es gab also keine aktive Trauerphase. Und ich hätte auch nie gedacht, dass da noch was kommt. Doch da kam noch was. In Form einer merkwürdigen Art von passiver Trauer, wahrscheinlich verursacht durch meinen perfekten Verdrängungsmechanismus. Ich war längst erwachsen, da begann ich so eine Art Leere zu spüren, aber gleichzeitig eine Art Verbundenheit mit meiner Mutter, die ich vorher so nicht kannte. Ich fing an, mich zu fragen, was für ein Mensch sie war, und plötzlich entstanden Fragen, deren Antworten ich gern gewusst hätte. Ich fing an, mich mit ihr zu unterhalten; erst nur, wenn ich auf dem Friedhof war, später dann auch in schwierigen Situationen, so nach dem Motto: „Mami, was soll ich jetzt machen?" Man könnte sagen, ich begann, meine Mutter in mein Leben mit einzubeziehen, um diese Leere auszufüllen. Das mache ich heute noch. Wenn etwas gelingt, was eigentlich unmöglich hätte gelingen können, sage ich oft: „Danke, Mami", als ob sie mir aus der anderen Welt heraus hilft. Und das ist ein sehr beruhigendes und warmes Gefühl. Irgendwo da draußen ist sie noch, und jetzt ist es auch okay, wenn ich sie manchmal vermisse und sogar weine. Als Kind war das unmöglich - heute verstehe ich auch warum.

So ist das also mit den verschiedenen Arten von Trauer: manchmal wie ein loderndes Feuer, manchmal wie ein schwerer Stein und manchmal eine große Einsamkeit durch Leere. Ihr kennt bestimmt noch andere Arten von

Trauer, und ich werde bestimmt auch noch andere kennenlernen. Doch nun habe ich gelernt, dass Trauer verschieden sein kann: Sie fängt oft mit einer Art Fassungslosigkeit an und endet im besten Fall mit schönen Erinnerungen. Doch die Phasen dazwischen sind individuell verschieden. Auf jeden Fall bin ich bei meinem nächsten Trauerfall besser vorbereitet, so weit man das überhaupt je sein kann.

Mein zukünftiger Umgang mit Trauer soll also ungefähr so aussehen:

- Erstreaktion zulassen: zurückziehen, weinen, schreien, sprechen.
- Dem Gehirn die Zeit geben, zu verstehen, was passiert ist und mich zu nichts zwingen.
- Nicht verdrängen, denn das bringt nichts. Es dauert, solange es halt dauert.

Nach einer Weile habe ich Fotocollagen von meinen verstorbenen Katzen gebastelt. Die Arbeit daran und schließlich das schöne Ergebnis an der Wand hängen zu sehen, hat mir bei der Trauerarbeit sehr geholfen. Die Fotos symbolisieren exakt das, was ich fühle: Solange ich an sie denke, werden sie immer bei mir sein.

„Ach, komm schon, zier dich nicht so!"

Nein heißt Nein!

Ja, es gibt sie. Menschen, die ein einfaches „nein" nicht akzeptieren wollen. Das kann einen ganz schön durcheinander bringen, wenn man davon überrascht wird oder nicht weiß, wie man darauf reagieren soll. Auch zu dem Thema musste mir schließlich was einfallen, denn ich bin oft in Osteuropa unterwegs. Und dort gibt es etwas an sich sehr schönes: eine immense Gastfreundschaft. Gerade die kulinarische Seite dieser Gastfreundschaft übersteigt aber oft die Größe meines Magens.
Da muss dann auch ich leider manchmal „nein" sagen. Wenn man mir dann trotzdem den Teller voll macht, lasse ich die Reste inzwischen liegen. Mir kann nicht jedes Mal - nur aus Höflichkeit - schlecht werden.

Bei Alkohol stehe ich regelmäßig vor dem gleichen Problem. „Ach, nur einen Drink, das passt schon." Nein, passt es nicht. Wenn ich das gewollt hätte, hätte ich ja was alkoholisches bestellt. Ich selbst versuche auch, mir diese Unart abzutrainieren, Leute in etwas hinein zu quatschen, das sie gar nicht wollen. Niemand hat etwas davon. Es entsteht eine erzwungene Situation, die keiner braucht. Aber wie wehrt man sich erfolgreich dagegen? Schauen wir uns das doch mal genauer an.

Viel reden hilft da anscheinend nicht. Nachdem du das zweite Mal nein gesagt hast, und dein Gegenüber aber immer noch versucht, dich zu überreden, hör einfach weg. Lass das Essen stehen, bestelle das, was du gerne trinken möchtest oder geh nach Hause, wenn du auf der Party nicht bleiben willst.

Verlasse die Situation. Lass dich nicht auf eine Argumentation ein. Sieh keinen Grund, dich groß zu rechtfertigen. Du hast das entschieden, weil du dich damit wohlfühlst. Und wenn deinem Gegenüber wirklich was an dir läge, würde er es akzeptieren. Die Leute wollen dich ja meistens zu etwas überreden, weil *sie* etwas davon haben, ungeachtet dessen, wie sich das auf *dich* auswirkt. Klingt egoistisch, ist es auch. Besser wäre es, Freiräume zu schaffen, in Form eines Angebots: „Du kannst dir das gern in Ruhe überlegen." „Wenn du deine Meinung später noch änderst, kein Problem." Das hört sich doch gleich viel netter an. Und nimmt jeglichen Druck heraus.

In einigen Ländern wird das Einkaufen zu einer echten Herausforderung. Händler, die dir ihre Ware aufzwingen wollen, dir hinterher gehen, pausenlos auf dich einreden. Das ist schon nicht ganz ohne! Als Westeuropäer möchtest du nur noch ganz schnell weglaufen, oder? Der ein oder andere kauft dann etwas, nur um seine Ruhe zu haben. Doch hinterher ärgert man sich, weil man eine Ware erstanden hat, die man entweder nicht braucht oder die Mängel aufweist. Das hat auch nichts mit Wirtschaftshilfe zu tun, schon gar nicht auf lange Sicht. Man fängt eher an, solche Länder zu meiden. Das ist wirklich schade und kann nicht die Lösung sein.

Auch das Nein-Sagen ist inzwischen eine digitale

Herausforderung. Auf allen großen Webseiten locken Angebote: „Wenn Sie bis heute Abend bestellen …." „...nur noch drei Stück verfügbar." Das Ganze basiert auf einem uralten Marketing-Trick: Ich zeige dir was du gewinnst, nicht das, was du verlierst: „Fünf Stück zum Preis von drei." Also, das müssen wir nun aber kaufen, oder? NEIN! Weil wir es gar nicht brauchen. Zumindest ist das ja meistens der Fall. Gut, wenn ich viele Katzen habe und das Futter, das sie gerne fressen, gerade im Angebot ist, dann ist das kein Problem. Dann fühle ich mich mit der Entscheidung ja auch wohl. Und zwar sofort, quasi, noch während ich den Laden betrete. Aber wenn du erst anfängst groß abzuwägen: Soll ich oder soll ich nicht? Will ich das wirklich? Hast du dich dann nicht schon mehr oder weniger dagegen entschieden und suchst nur noch händeringend nach Argumenten, die dafür sprechen könnten? Das war das Stichwort für deinen besten Freund: dein Bauchgefühl. Es wird dich nicht hängen lassen, du musst nur ganz genau hinhören!

Nein-Sagen heißt ja nicht, dass man kategorisch alles ablehnen soll. Bei komplexen Themen lohnt das Abwägen immer - es sei denn, das Bauchgefühl begehrt sofort auf. Auch eine Bedenkzeit sollte in den meisten Fällen drin sein. Aber wer immer Ja sagt, wird bald mit dem Respekt vor sich selbst zu kämpfen haben. Es ist wirklich ein schönes Gefühl, auch mal Nein gesagt zu haben, in einer Situation, wo man vorher schon zu oft Ja sagte. Prima Lernprozess. Mit jedem Mal wird es auch leichter. Ehrlich! Nein-Sagen lohnt sich - gegen alle Widerstände - wenn man selbst voll dahintersteht.

Ein gutes Beispiel, das wir bestimmt alle kennen, ist das Telefongespräch mit jemandem, den man nur schwer wieder los wird. Wie kommuniziert man, dass man nicht ewig Zeit hat, ohne dass der andere beleidigt ist? Ich helfe mir da mit einem Trick, der auch bei Besuch gut funktioniert, und der geht so:
Nehmen wir mal an, ihr bekommt Besuch, egal ob vorher angekündigt oder nicht. Es handelt sich um jemanden mit reichlich Sitzfleisch, obwohl ihr eigentlich kaum Zeit habt, beziehungsweise ihr diese Person vielleicht sogar mögt, aber halt nicht zu lange, wenn ihr versteht, was ich meine. Ich mache dann immer folgendes: Ich sage gleich, wenn die Person durch die Tür tritt (oder am anderen Ende des Hörers ist), dass ich nur begrenzt Zeit habe, da später noch ein dringender Termin wahrzunehmen ist. Habe ich eine Stunde Zeit, sage ich: „Du, eine halbe Stunde habe ich auf jeden Fall" und wenn die um ist, dann sage ich „So. So langsam müsste ich weitermachen …" oder unter Rauchern: „Komm, eine rauchen wir noch, dann muss ich aber!" Also, man bietet etwas Positives an, so dass das Negative, in Form des Rausschmisses, nicht als negativ wahrgenommen wird. Wenn man also am Anfang schon die Parameter festlegt, fühlt sich der Besucher oder Gesprächspartner am Ende nicht vor den Kopf gestoßen, wenn man ihn nur noch einmal daran erinnert, dass die Zeit nun um ist. Klappt eigentlich sehr gut, probiert es selbst mal aus.

Man kann also auch durch die Blume Grenzen aufzeigen und muss nicht mit einem kategorischen „Nein!" aufwarten. Dazu gehört auch ein gutes Gefühl für Diplomatie. Ein spannendes Thema, welches wir uns im nächsten Kapitel näher anschauen wollen.

Normalerweise sollte man ein „nein" auch als ein solches akzeptieren und nicht damit hadern. Aber Achtung: das gilt nicht für Extremsituationen, wo ein „nein" manchmal auch ungute Konsequenzen haben kann, nämlich wenn zum Beispiel die Person direkt vor dir die Frage, ob er jetzt *endlich* die Güte hätte, die Notrutsche des Flugzeugs herunterzurutschen, mit „nein!" beantwortet, dann schubs ihn bitte runter. Manchmal muss man Menschen auch zu ihrem Glück zwingen.

Diplomatie

„Das Gesicht des Anderen wahren - das ist wahre Diplomatie!"

Diesen schönen Satz ließ der Autor Oliver Hassencamp einen Lehrer aus seiner Schreckenstein-Buchreihe (6. Band!) sagen, und genau diesen Satz habe ich mir fortan eingeprägt.
Auch noch schön ist dieser Satz: *„Das angenehme Gespräch sucht Übereinstimmung und Gleichklang; kleinkarierte Diskutiererei und Widerspruch aus Prinzip ist nur für dumme Menschen belebend."* (aus „der goldene Handschuh" von Heinz Strunk).

Diplomatie ist eines meiner Lieblingsthemen. Ich bin nicht als Diplomat geboren worden, eben weil ich so schnell hochgehe. Das ist meine Natur. Aber dass man mit Anschuldigungen und Gebrüll nicht viel erreicht, weiß ich theoretisch schon. Wie also nun den Kompromiss finden, zwischen „ich muss mal richtig Dampf ablassen" und „hätte ich bloß die Ruhe bewahrt"? Das ist überhaupt nicht einfach. Schauen wir uns erst einmal an, was mit Diplomatie überhaupt gemeint ist.

Bei der Diplomatie geht es in erster Linie darum, dass man einen Streitpunkt oder ein Ungemach auflöst oder klärt, ohne dass sich einer damit unwohl fühlt. Mit

Diplomatie kann man sogar einen Streit komplett vermeiden. Aha. Und wie soll das nun funktionieren? Mein Mann zum Beispiel, schafft es immer wieder eine kritische Situation mit Humor aufzulösen. Er stellt die Szene spaßig nach, übertreibt fürchterlich, und keiner von uns kann dann noch sauer sein. Eine sehr intelligente und höchst lustige Art der Diplomatie.

Etwas, das mir auch oft auffällt: Partner (leider vornehmlich weiblich), die stets nörgeln, kritisieren und ihrem Partner hinterher stiefeln. Dadurch ist der Kontrahent natürlich gereizt und versucht, sich noch mehr Freiräume zu schaffen, was dazu führt, dass man ihm *noch* mehr hinterher stiefelt. Auch hier schafft man eine Spirale nach unten. Mein Tipp: einfach machen lassen. Gerade Männer wollen nicht alles schon vorher in der Theorie durchgekaut bekommen, sondern selbst ausprobieren. Und wenn du als Frau siehst, dass das schief geht: egal. Der Mann lernt sowieso nur durch seine eigenen Fehler, aber nicht durch das Genörgel der sich sorgenden Gattin. Auch ich musste das lernen und ersetze jetzt Sätze wie
„Das ist doch absoluter Schwachsinn!"
durch
„Ich weiß nicht, Liebling. Ich habe ein komisches Gefühl dabei."
Ich habe also fast das Gleiche gesagt, aber der Mann ist nicht sauer. Eine win-win-Situation. Ich hoffe nicht, dass ihr jetzt glaubt, dass ich das wirklich immer so elegant hinkriege. Aber ich bin stets bemüht. Versprochen!

Die wichtigsten Grundlagen der Diplomatie sind:

- versuchen, das Dilemma friedlich zu lösen
- sich Zeit nehmen, um in Ruhe zu überlegen
- Alternativen anbieten, mit denen beide leben können

Dabei spielen folgende Satzteile eine große Rolle: „Ich bin am Überlegen ..." oder „Ich kann dir anbieten, ..." oder auch „Wäre das in Ordnung für dich?"

Zeigst du deinem Gegenüber, dass du wirklich an einer Lösung interessiert bist, ohne herum zu blaffen, auszuticken, abwertend zu sprechen oder dich ganz abzuwenden, dann hast du eine gute Chance mit deiner Diplomatie tatsächlich eine Lösung zu erreichen. Bei uns gab es unlängst folgende Situation:

Der Techniker

Wir hatten kürzlich ein Problem mit unserer Heizungsanlage. Dazu gibt es aber eine Vorgeschichte: Die Anlage wird regelmäßig von einem Techniker gewartet, der also jedes Jahr hier einmal bei uns aufschlägt, um dieser Aufgabe nachzugehen. Besagte Anlage ist nicht gerade unkompliziert, und sowohl mein Mann, als auch ich, konnten nicht ganz nachvollziehen, wie man sie am besten bediente. Das führte dazu, dass der Techniker (so überhaupt gar kein Diplomat) anfing, uns mit einem herablassenden Ton zu belehren und uns so hinzustellen, als ob wir einfach zu blöd wären, das doch so simple Gerät zu verstehen. Bei seinem nächsten Besuch war die Anlage defekt, der Techniker genervt und fing wieder an, mit herablassendem Ton eine Fachsimpelei zu starten. Ich hatte mich an dem Tag ausnahmsweise mal gut im Griff und entgegnete

*ihm ganz ruhig, dass er wohl auch nicht innerhalb von
fünf Minuten verstünde, wie das französische
Subjonctif funktioniere, wenn ich es ihm erklären
würde, denn jeder hat halt sein eigenes Fachgebiet,
aufgrund dessen, was man mal gelernt oder studiert
hat. Danach wurde er auch gleich etwas freundlicher!
Der Stress war raus und wir hatten wieder eine
Kommunikationsbasis. Hurra.*

*Das ging eine ganze Weile gut, bis die Anlage wieder
kaputt ging. Wir sagten der Verwaltung Bescheid und
die versprach, sich mit dem Techniker in Verbindung zu
setzen. Ein paar Tage später klingelte es an der Tür.
Unser Techniker. Es war Samstag, und er hatte keinen
Termin mit uns gemacht. Wir waren gerade dabei, uns
fertigzumachen, um das Haus zu verlassen, und dieser
unangekündigte Besuch passte überhaupt nicht in die
Planung. Der Techniker hatte auch wieder seinen
ganzen Charme zu Hause gelassen und fiel mit der Tür
ins Haus: Er wäre angerufen worden, die Anlage auf
einen Defekt zu prüfen. Nein, erklärten wir, das ginge
jetzt nicht. Warum er keinen Termin hätte, fragen wir
dann noch. Auf jeden Fall mussten wir ihn wieder
fortschicken.*

*Wir waren ziemlich genervt. Doch die Anlage brauchte
die Wartung, denn irgendwas stimmte ja nicht mit ihr.
Nun galt es also, in die diplomatische Trickkiste zu
greifen. Vorher muss ich der Geschichte aber noch
anfügen, dass das nicht das erste Mal war, dass man
uns ohne Termin Handwerker ins oder ans Haus
geschickt hatte. Ich erinnere mich noch (mit einem
breiten Grinsen) an jenen Tag, an dem die Dachdecker*

kamen, ich davon keine Ahnung hatte und nackt im Badezimmer stand. Unser Badezimmer hat ein Dachfenster. Ich denke, mein Standpunkt ist klar.

Mein Mann und ich legten uns eine Strategie zurecht, wie wir heil aus der Sache rauskommen könnten. Naja, genauer gesagt: Mein Mann legte eine Strategie zurecht.

Nicht nur aufzählen, was wir alles nicht wollen. „Wir müssen auch etwas anbieten!", sprach mein Göttergatte, denn er ist nun mal der bessere Diplomat. So geschah es auch: Nachdem mein Mann also der Verwaltung erzählt hat, was wir uns wünschen, hat er auch gleich Lösungsvorschläge unterbreitet. So suchte man uns also einen anderen Techniker heraus, der einen Termin mit uns machte. Der kam, reparierte und gab uns ein paar wertvolle Tipps. Alle waren zufrieden.

Das Schwerste an der Diplomatie ist, seinen eigenen Standpunkt nicht aufzugeben, gleichzeitig mit der Umwelt klarzukommen und niemanden zu verletzen.

Ich unterteile jetzt mal die Menschheit in:
- kategorische Ja-Sager
- kategorische Nein-Sager
- Diplomaten

Das Ziel ist am Ende die dritte Kategorie. Doch gucken wir uns erst die anderen beiden an.

Der Ja-Sager versucht auf Biegen und Brechen Stress

zu vermeiden. Wenn er ja sagt, gibt es keinen Konflikt (das denkt er aber auch nur, pah!) und er muss sich mit nichts und niemandem auseinandersetzen. Das geht langfristig schief.

Der Ja-Sager ist ein Mensch, der unsicher ist, und leider bekommen das alle mit. Konsequenz: mit dem kann man machen, was man will. Und genau das tun die Menschen dann auch. Der wehrt sich ja nicht. Der sagt eh „ja" zu allem. Nehmen wir so einen Menschen ernst? Nö. Wir sehen ihn als schwach, konfliktscheu und ängstlich. Dass sich hinter so einem Menschen auch ein sehr feinfühliges, gutmütiges Wesen verbergen kann, sehen wir eher nicht, schon gar nicht, wenn wir bösartig sind. Wir nutzen diesen Menschen dann aus. Ich zum Beispiel bin immer sehr bemüht, solche unsicheren Menschen zu beschützen, da ich es unfair finde, wie sie behandelt und benutzt werden. Warum tue ich das? Richtig, weil ich ursprünglich aus genau der Kategorie komme.

Dann gibt es die Nein-Sager. Was sind das denn für welche? Denen passt nichts, denn sie wissen es ja sowieso besser. Sie profilieren sich gern, geben an, wollen mehr sein, als sie sind und nehmen es auch mit der Wahrheit nicht so genau. Diese Menschen täuschen uns ein Selbstbewusstsein vor, das sie gar nicht haben! Der Mensch, der zu allem und jedem „nein" sagt, weil er - ohne sich die Argumente von anderen anzuhören und zu durchdenken - schon längst eine eigene Meinung hat, wirkt verbohrt, unsympathisch und unzugänglich. Und jetzt kommt das faszinierende: der hat genau so viel Angst wie unser Ja-Sager. Macht Sinn, oder? Der eine versucht den Konflikt zu vermeiden, der andere zu provozieren. Erreichen tun sie beide nicht viel. Der erste geht einen Kompromiss ein, den er gar nicht will und der zweite will sich einfach nur durchsetzen, unabhängig ob seine Entscheidung richtig oder falsch ist.

Mit Diplomatie hat das beides nichts zu tun. Die diplomatische Lösung einer Situation oder eines Konflikts sieht immer vor, dass sich beide Parteien mit dem geschlossenen Kompromiss wohlfühlen und darauf aufbauen können. Da fällt mir doch glatt noch eine Geschichte ein.

Der Birnbaum

Seit drei Jahren lese ich an einem Birnbaum die heruntergefallenen Birnen auf. Die schmecken echt super! Jener Birnbaum steht etwas außerhalb unseres Dorfes, am Straßenrand, vor dem Grundstück eines Bauern. Das ging auch drei Jahre lang gut, bis zu diesem Herbst.

„Finden Sie das richtig, was Sie da machen?"

Langsam erhebe ich mich aus meiner gebückten Haltung, die Birnen vorsichtig wieder ablegend. Ein paar hab ich schon in meinem Jutebeutel. Ich habe nur wenige Sekunden Zeit, mir eine Strategie zurechtzulegen, dann hat mich der Bauer erreicht. Meine Strategie steht!

„Ich grüße Sie!" komme ich dem Bauern mit meinem

schönsten Strahlen entgegen. Bevor der Bauern noch etwas sagen kann, stelle ich mich ordentlich vor, mit Namen und der Tatsache, dass ich auch aus dem Dorf bin.

„Das sind unsere Birnen," fängt der Bauer wieder an, aber ich merke, dass er sich das Gespräch anders vorgestellt hat. „Finden Sie das gut, dass Sie die einfach so nehmen?"

Ich erkläre dem Bauern erst einmal, dass ich dachte, dass der Baum ja außerhalb des Grundstücks steht, (was er auch tut! Und wäre der Bauer mir richtig blöd gekommen, hätte ich ganz freundlich gesagt: „Bitte rufen Sie die Polizei. Ich warte hier solange." Könnt ihr euch ein Verfahren vorstellen, in dem man jemanden verknackt, weil er Birnen von der Straße aufgelesen hat?) und dass die Birnen ja schon tagelang hier unter dem Baum liegen und sie keiner mitnimmt. Außerdem seien die Birnen extrem lecker, schwärme ich, worauf mir der Bauer erzählt, dass sein Großvater den Baum seinerzeit gepflanzt hätte, und schon sind wir im Gespräch. Ich erzähle ihm dann noch, dass ich - als Lebensmittelallergiker - mich furchtbar freue, ungespritzte Birnen essen zu können und daher immer auf der Suche nach bestimmten Streuobst bin, da hier die Wahrscheinlichkeit geringer ist, dass mir der Hals von innen anschwillt. Und wie glücklich ich war, diesen Baum gefunden zu haben!

Ende vom Lied: wir haben uns fast 30 Minuten nett unterhalten. Der Bauer erlaubte mir, ab und zu ein paar Birnen einzusammeln, denn er wüsste ja nun

Bescheid, und das wäre ja dann okay.

Strategie aufgegangen.

So, was habe ich eigentlich genau gemacht?

- ich war freundlich und offen, die ganze Zeit
- ich habe mich sofort vorgestellt und war nun keine
Fremde mehr
- ich habe ihm alles in Ruhe erklärt und ihn in ein
Gespräch verwickelt
- keiner hat sich *über* den anderen gestellt und keiner
ging als Verlierer vom Platz. Er hat seinen Teil gesagt,
ich meinen. Und wir haben einen Kompromiss
geschlossen.
Es ist völlig egal, ob der Bauer oder ich im Recht oder
im Unrecht sind. Es zählt nur, dass wir beide ein gutes
Gefühl hatten, als wir uns trennten. Das macht
Diplomatie im Wesentlichen aus.

Schon der weise Engländer Ian Fraser Kilmister sprach:
„*Gutes Benehmen kostet nichts.*" Wie Recht er hat.

Möchte jemand eine Birne?

Die liebe Familie

Wisst ihr eigentlich, wo Diplomatie manchmal so gar nichts nützen will? Nicht weil man sie nicht in der Tasche hat, sondern weil sie es einfach nicht durch die Haustür schafft. Wisst ihr wo das ist? Genau. Zu Hause. Da, wo man groß gezogen wurde. Da, wo man die ersten Menschen kennengelernt hat, wo man Vertrauen und Liebe - oder das Gegenteil - gelernt hat. Mit anderen Worten: da, wo die größte Prägung stattfand. Woran liegt das, habe ich mich jahrelang, nein, jahrzehntelang gefragt. Jede noch so ausgefeilte Strategie, nicht vor Wut zu platzen, sich nicht provozieren zu lassen, scheiterte immer am gleichen Ort: in der Familie. Inzwischen weiß ich es, aber das Wissen hilft mir nicht. Hier bleibt es - zumindest für mich - bei einer rein theoretischen Betrachtung.

Dass zu Hause die Diplomatie nicht funktioniert - fand ich endlich heraus - liegt daran, dass man in der eigenen Familie zu viele Emotionen unterschiedlichster Art „laufen" hat. Und gleichzeitig zu wenig Abstand davon. Ergo: Ohne Distanz entsteht keine Gelassenheit. Und ohne Gelassenheit entsteht keine Schlagfertigkeit und auch keine Diplomatie. Bumm! Man ist also viel leichter provozierbar, egal wie oft man sich vorher vornahm, ruhig zu bleiben. Dazu kommt oft diese Art von Gehirnwäsche, also die immer gleichen Texte an immer der gleichen Stelle. Und man denkt so bei sich

79

(während das Adrenalin schon leise gen Himmel schwebt): „Ich kann das nicht mehr hören!" Geht euch das auch so, dass ihr am leichtesten zu provozieren seid, wenn ihr das Gefühl habt, nicht ernst genommen zu werden? Dann wäre ich wenigstens nicht alleine damit. Das würde mich wirklich ein wenig trösten.

Als ich nun merkte, dass das mit der Diplomatie nicht funktionierte, probierte ich andere Strategien aus, um bei Besuchen nicht in eine Falle zu gehen. Gar nicht hinhören, zum Beispiel. Hat nicht geklappt. Themawechsel. Klappte auch nicht. Die einzige Möglichkeit, die mir noch blieb, war, Distanz zu schaffen, in dem ich mich einfach ein paar Wochen nicht sehen ließ. Bei Freunden funktioniert dieser Trick recht gut: Nach einer Weile hat jeder genug anderes erlebt, um mögliche Streitpunkte nicht mehr als vordergründig zu sehen, und man geht mit Unstimmigkeiten gelassener um. Ich weiß nicht, wie das bei euch ist, aber bei meiner Familie hat auch das nie etwas gebracht. Ich konnte wochenlang mit Abwesenheit glänzen, kaum war ich wieder da, war es, als sei ich nie weg gewesen. Keine Distanz, die sich entwickelt hat. Keine Sachlichkeit, die die Emotionen überdeckte. Anstrengende Familienbesuche sind wie das Reisen mit einer Zeitmaschine: Kaum kommst du durch die Tür, bist du wieder da, wo du immer warst. Und du bist das, was du immer warst: das kleine Kind. Für mich ist das ein unheimliches Phänomen, dass die Prägung eine so gewaltige Auswirkung hat.

Bei uns zu Hause hatte ich eigentlich nur mit einem Familienmitglied des öfteren so richtig Stress: Mit meiner Großmutter. Ich mochte Omi wirklich sehr, und wir sind uns auch nicht unähnlich. Aber manchmal hasste ich sie auch. Und inzwischen bin ich davon überzeugt, dass genau das die tödliche Mischung ist. Wenn du einen Menschen liebst, aber gleichzeitig auch hasst, dann kommst du aus der Nummer nicht mehr heil heraus. In Beziehungen gilt das Gleiche. Sachlichkeit: Null. Emotionen: Hundert. Wegen der Liebe. Und umgekehrt: Sachlichkeit: Null. Emotionen: Hundert. Wegen des Hasses. Peng!

Auslöser der dann folgenden Familiendramen können unterschiedliche Faktoren sein: Verhalten, Sprache, Handlungen. Mein wundester Punkt war immer dieses süffisante Lächeln, das impliziert: „Was weißt du schon - du kannst doch eh nichts." Alles wäre mir lieber gewesen: Sarkasmus, Zynismus, selbst eine kurze Brüllerei. Aber beim süffisanten Lächeln ist bei mir Schluss. Da will ich auch keine Diplomatie mehr, da darf auch die Schlagfertigkeit in den Feierabend gehen. Hier geht es um pure Provokation, und wer mit dem roten Tuch wedelt, muss damit rechnen, aufgespießt zu werden!

Jeder hat ein Grundrecht auf einen wunden Punkt, finde ich. Gut ist, wenn man ihn kennt. Kennt ihr euren? Nicht? Dann findet ihn heraus. Vielleicht schafft ihr es ja, die Ursachen zu erforschen und einen gewissen Abstand zu gewinnen. Mir gelang es bis zum Schluss nicht. Omi ist seit fast 10 Jahren tot. Ein großer Teil von mir vermisst sie sehr. Aber ein kleiner Teil von mir ist gleichzeitig dankbar, dass ich seitdem etwas erlebe, was ich vorher nicht kannte: Inneren Frieden.

„Nicht das Wort gibt Charisma seine Bedeutung, sondern das Charisma dem Wort."

(Jennifer Withelm)

Charisma

Eines der faszinierendsten Themen für mich ist das berühmte Charisma. Wie entsteht es? Und wie hilft es uns im Leben weiter? Kann man das lernen? Wo ist der Unterschied zwischen Menschen mit und ohne Charisma?

Lasst uns mal überlegen, was Charisma eigentlich bedeutet. Es ist eines dieser sagenumwobenen Eigenschaften, die man nicht greifen kann. Man hat es, oder man hat es nicht, heißt es so oft. Aber genau das glaube ich nicht. Dazu kommen wir später.

Können wir uns auf ein paar Leute einigen, die wir als charismatisch empfinden? Als Hamburgerin fällt mir spontan Helmut Schmidt ein. Oder Schauspieler Terence Hill. Selbst Leute, die stark polarisieren, können charismatisch sein: Axl Rose, Hella von Sinnen oder wie mein Mann vorschlug: Wladimir Putin, Jack Nickolson. Mein Trauzeuge dachte als erstes an David Bowie, Mick Jagger und Willy Brandt. Meine alte Schulfreundin brachte Joachim Gauck und Hannes Jaenicke ins Spiel. Ein anderer Schulfreund schlug Robert de Niro und Roger Federer vor.

So, was eint diese Leute nun? Warum denken wir, dass sie charismatisch sind? Was haben sie gemeinsam? Ich kann schon mal aufzählen, wofür sie *nicht* stehen: Unsicherheit, Unterwürfigkeit, Wankelmütigkeit. Aha, sie wissen also, was sie wollen. Sie lassen sich nicht von ihrer Umgebung groß beeindrucken. Sie strahlen etwas aus; etwas authentisches und - ob positiv oder negativ - auf jeden Fall etwas interessantes! Sie haben das gewisse Etwas, und man vergisst sie nicht so schnell. Und ganz wichtig: diese Leute sind nicht zwangsläufig extrem hübsch oder mega erfolgreich. Ich kenne eine Reihe von Leuten, die sehr hübsch oder erfolgreich sind, aber überhaupt nicht charismatisch. Das eine bedingt also das andere nicht und umgekehrt. Also, was ist nun dieses Charisma und wie können wir unser eigenes entwickeln?

Charisma ist die Ausstrahlungskraft eines Menschen, die uns in seinen Bann zieht. Wir schauen oder hören ihnen gerne oder ungerne zu und haben entweder Respekt oder auch Furcht vor ihnen. Wir sind interessiert an dem, was diese Menschen tun. Charismatischen Menschen verzeiht man auch eher, als unscheinbaren. Wir nehmen charismatische Menschen einfach stärker wahr. Mein Mann definiert es so: „Charisma ist das, was eine Person ausstrahlt, was aber nicht durch Sekundärmerkmale transportiert wird." Typische Ausdrucksweise von ihm; ich übersetze mal: Er meint, dass man von diesen Menschen irgendwie eingenommen wird, und zwar unabhängig von Faktoren wie zum Beispiel Aussehen, Sprache oder Bildung.

Meine Schulfreundin definierte einen charismatischen

Menschen als einen mit einem reichen Innenleben, dessen Werte nach außen strahlen. Ein weiterer Freund sprach von starken Charakteren, von „Siegertypen", die souverän wirken und andere mitreißen. Bei allen höre ich doch irgendwie das Gleiche heraus: Es geht beim Charisma also um etwas, das sich im Inneren eines Menschen entwickelt, nach außen transferiert und von vielen Menschen wahrgenommen wird.

Aber nicht jeder Mensch wird mit Charisma geboren. Vielleicht sogar gar keiner. Das würde ja dann bedeuten: Charisma kann man sich aneignen. Richtiger gesagt: Man kann sich die Faktoren aneignen, die automatisch zum Charisma führen können. Charisma ist zwar nicht so entscheidend wie Respekt, aber es hilft enorm beim Umgang mit anderen Menschen. Und nun schließt sich endlich der Kreis, denn hier kommen ganz viele Themen aus den vorherigen Kapiteln zusammen.

Es beginnt natürlich mit dem Sich-selbst-kennenlernen. Sich selbst zu kennen ist eine Grundvoraussetzung, auf die wir aufbauen wollen und müssen. Das Sich-selbst-kennen steht immer am Anfang von allem. Nur wer sich selbst kennt, kann seine Schwächen bekämpfen und seine Stärken ausbauen. Ohne diesen Prozess funktionieren die folgenden Schritte nicht.

So, haben wir uns selbst ganz gut kennengelernt? Und waren wir dabei auch ehrlich zu uns selbst? Gut. Dann geht es weiter mit dem nächsten Punkt: Selbstvertrauen aufbauen. Das geht über das Einsetzen der Stärken und die damit verbundenen Erfolge. Wir haben etwas erreicht, man hat uns gelobt, wir sind mit unserer Arbeit zufrieden. Dann steigt auch unser Selbstbewusstsein. Und parallel dazu: wir haben ein paar Misserfolge zu verzeichnen, doch wir machen weiter. Wir sehen ein, dass man auch mal verlieren muss, um Erfahrungen zu sammeln. Können wir denn damit umgehen? Wir können. Prima.

Wir haben uns daneben benommen, aber wir konnten uns entschuldigen. Unser Gegenüber ist nicht mehr sauer. Wir waren ehrlich. Wir haben keine Ausreden erfunden und sind auch nicht vor der Situation weggelaufen. Wir wachsen mit dieser Erfahrung und prägen uns dieses Gefühl gut ein, denn es ist enorm wichtig!

Ach guck, man nimmt uns jetzt ernst. Man hat keine Angst mehr vor uns, denn wir konnten auch Schwächen zeigen. Wir haben keinen Druck mehr, denn wir müssen nicht etwas aufrecht erhalten, wofür wir gar nicht stehen. Jetzt wird das Leben entspannter. Und wir konzentrieren uns wieder auf unsere Stärken.

Können wir unsere Stärken nun auch für größere oder langfristigere Ziele einsetzen? Wir bauen uns einen stärkeren Willen auf - das Ziel stets vor Augen. Was wir wirklich wollen, gelingt auch. Und wenn nicht gleich, dann schnaufen wir kurz durch, analysieren und fluchen, und dann gehen wir es erneut an. Vielleicht von einem anderen Blickwinkel aus. Und es macht uns Spaß. Gerade an die großen, schwierigen Aufgaben werden wir uns viel länger erinnern, und wir entwickeln uns mit ihnen. Das festigt unseren Charakter und zeigt auch eine Wirkung nach außen.

Wir wissen jetzt, was wir können. Wir sind bereit,

Neues anzugehen und uns auch mal unserer Angst zu stellen. Wir werden mutiger und zufriedener. Unsere Umwelt nimmt uns bewusster wahr und kann uns klarer definieren. Wir erlauben uns, Gefühle zu zeigen: Freude und Frust gleichermaßen. Wir wissen auf einmal, dass wir in der Welt einen Stellenwert haben, denn wir haben ihn uns erarbeitet. Aber trotz allem bleiben wir bitte bescheiden und umsichtig. Wir ruhen in uns selbst - und spätestens jetzt kann es passieren, dass uns einige Mitmenschen als charismatisch wahrnehmen.

Schlagfertigkeit hält übrigens nicht nur Mobber in Schach, sondern kann auch zum Charisma beitragen. Besonders bei Moderatoren und Komikern fällt auf, dass sie sich durch ihre Schlagfertigkeit nahezu unantastbar machen (Thomas Gottschalk, Helge Schneider, Oliver Pocher und Harald Schmidt sind die, die mir ganz spontan einfallen). Sie können mit schwierigen Situationen oder mit schwierigen Menschen spielend umgehen und bleiben fast immer - auch wenn es hitzig wird - recht gelassen. Einige von euch sagen jetzt vielleicht: „Wieso? Das sind doch Profis. Die sind das gewohnt, haben rhetorische Erfahrung; klar sind die schlagfertig oder sogar charismatisch." Nein. Es gibt auch eine ganze Reihe von ihnen, die, obwohl vielleicht sympathisch, trotzdem unheimlich uncharismatisch sind.
Noch einmal: Ihr müsst sie nicht mögen. Charisma und Sympathie können zwar miteinander einhergehen, müssen aber nicht.

Auch fiktive Figuren können charismatisch sein. Meine

Helden seit der Kindheit sind Mr. Spock und Dagobert
Duck. Nach außen kühl, arrogant und distanziert
wirkend, zeigen sie in Extremsituationen, wie sensibel,
aufopfernd und großherzig sie in Wirklichkeit sind.
Und diese kompromisslose Ehrlichkeit! Damit können
viele Menschen nicht umgehen; für mich ist das
allerdings das Allergrößte, und das gebe ich auch sehr
gerne zu.
Euch fallen bestimmt selbst einige Beispiele für
charismatische Charaktere ein. Auch ohne sie zu
mögen, kann man trotzdem sehr viel von ihnen lernen,
denn durch ihre Rhetorik oder Schlagfertigkeit sie sind
nahezu unangreifbar. Und meistens wissen sie, was sie
können und was sie nicht können, und mit beidem
können sie sehr gut umgehen! Manche von ihnen sind
ehrlich und diplomatisch, aber auf jeden Fall sind sie
konsequent und authentisch. Ohne diese Eigenschaften
ist eine Form von Charisma eigentlich undenkbar.

Wie entsteht also nun Charisma? Durch die innere
Einstellung und durch die Kommunikation nach außen.
Deine Form der Kommunikation entsteht durch deine
Körperhaltung, deine Mimik und deine Sprache. Deine
Einstellung, nämlich dass du weißt, wofür du stehst und
wofür nicht, gibt dir die Ruhe und das nötige
Selbstbewusstsein.

Diese Mittel richtig eingesetzt, kannst du zu einem sehr
zufriedenen, selbstsicheren und letztendlich auch
charismatischen Menschen werden.

Ein paar Gedanken zum Schluss

Wo stehe ich heute? Was haben diese ganzen Lernprozesse mit mir gemacht? Zumindest so viel: Ich habe mehr Toleranz meinen Mitmenschen gegenüber, besonders dadurch, dass ich versuche, mich in die Lage meines Gegenüber zu versetzen, wenn ich das Verhalten oder die Argumentation nicht nachvollziehen kann. Daraufhin kann sich eine Situation komplett verändern! Statt im Streit zu enden, findet man Kompromisse oder lernt voneinander.

Inzwischen habe ich begriffen, dass die Leute, die einen angreifen oder mobben, mehr Angst haben, als ihre Opfer. Und die eigene Angst vor anderen Menschen verschwindet, wenn man ihr Verhalten versteht und einzuschätzen weiß.

Wie schon im Vorwort erwähnt, bedeutet das nicht, dass ich das alles perfekt so umsetze, wie ich es in der Theorie aufgeschrieben habe. Oh, Himmel, nein! Ich ticke auch heute noch aus. Aber kontrollierter. Und der Unterschied zu früher ist, dass ich hinterher darüber nachdenke, warum das passiert ist.

Alles beginnt damit, dass man ein realistisches Ziel vor Augen hat. Vielleicht möchtest du in deinem Beruf eine bestimmte Position erlangen, dein Hobby ausweiten oder in deinem Freundeskreis ausmisten? Was macht dir wirklich Spaß? Was interessiert dich? Mit welchen Menschen fühlst du dich so richtig wohl? Verschwendest du zu viel Zeit mit Dingen und

Menschen, die dir nicht gut tun? Lerne dich selbst besser kennen und finde etwas, das dich ausfüllt und zufrieden macht. Niemand sagt, dass das beim ersten Anlauf auf Anhieb alles klappt, so wie du dir das gedacht hast. Aber mit dieser Erkenntnis kannst du besonnen weitermachen, falls es Rückschläge gibt und eine negative Erfahrung als positiven Lernprozess verbuchen.

Oder du hast dir als Ziel gesetzt, mit einem ganz bestimmten Menschen besser klar zu kommen. Möchtest du es jetzt noch einmal versuchen? Wirst du vorschnell aufgeben oder wirst du die eine oder andere Strategie benutzen, um entspannt zu bleiben, rational zu denken und am Ende eine diplomatische Lösung zu finden? Auch hier gilt: Ein Schritt zurück ist kein Problem, wenn du vorher zwei Schritte nach vorn gemacht hast. Vergiss das bitte nie. Und nimm stets deine drei besten Freunde mit: Ruhe, Geduld und Bauchgefühl. Sie könnten dir eine große Hilfe sein.

Was auch immer du vorhast, mach es in kleinen Schritten. Warum? Damit du nicht enttäuscht wirst. Zu große Ziele oder Wünsche können damit enden, dass du sie nicht erreichst und anschließend aufgibst. Kleine Schritte lassen sich gut machen, und Misserfolge tun dann nicht so weh. Wenn du dich nicht entmutigen lässt, wirst du automatisch merken, wo dich die Herausforderung hinbringen wird.

Mit all dem, was ich geschrieben habe, erhebe ich keinen Anspruch auf Richtigkeit. Auch hier noch einmal der Hinweis: ich bin kein Fachmann. Alles was ich gemacht habe, ist, mein Leben positiv zu verändern und mich an die Schritte zu erinnern, wie mir das gelungen ist. Als Mensch bin ich ausgeglichener, selbstbewusster, ehrlicher und mutiger geworden. Und damit wird das Leben insgesamt ein wenig leichter. Und das alles nur durch genauere Selbstreflexion und verbesserte Kommunikation.

Und noch zu guter Letzt:
Auch bei diesem Buch ist mir das passiert, was mir bislang bei jedem Buch passiert ist: Immer kurz vorm Einschlafen kommen mir die besten Texte in den Sinn; die noch fehlenden Kapitel, die passenden Anekdoten. Also habe ich mir angewöhnt, einen Block und einen Stift auf dem Nachtisch liegen zu haben. Aber auch das hat Nachteile:

Licht aus.

Licht wieder an.

Neid! Daraus kann ich doch ein ganzes Kapitel machen. <kritzel kritzel>

Licht aus.

Licht wieder an.

Ich schreib mal als Stichwort „Birnbaum", dann weiß ich ja morgen, was das soll. <kritzel kritzel>

Licht aus.

Licht wieder an.

Ich sollte mal meinen Mann fragen, wen er charismatisch findet und wie er Charisma definiert. <kritzel kritzel>

Licht aus.

Lange Pause.

Licht wieder an.

Das mit dem „Licht aus. Licht wieder an." könnte ich eigentlich auch noch schreiben …

Das Buch ist fertig.

Licht aus!

Weitere Bücher von Bali Kiknadze:

Balistan   (Winter 2017)
Pfotenengel   (Herbst 2019)

Die Autorin

Bali Kiknadze wurde 1969 in Hamburg geboren. Ihre
Kindheit verbrachte sie im Hamburger Westen, zog in
den 80er Jahren jedoch zu ihrem Vater nach Istanbul.
Anfang der 90er studierte sie in Dublin Marketing,
Sprachen und Außenhandel. Sie hat als Marketing-
Beraterin, Übersetzerin, Dolmetscherin und
Sprachlehrerin gearbeitet. Seit vielen Jahren ist sie
Freiberuflerin und engagiert sich stark im Tierschutz.
Mit ihrem Mann und mehreren Katzen lebt sie heute in
ihrem Lieblingsbundesland Schleswig-Holstein.